ENCUENTRA
TU PASIÓN

Foto de portada:
A NEW ORLEANS
© VIRGINIA ALIMONDA

Foto de la autora, en solapa:
© VIRGINIA ALIMONDA

Diseño de tapa:
EL OJO DEL HURACÁN®

GRACIELA DE OTO

ENCUENTRA TU PASIÓN

Siete pasos para emprender
tu proyecto de vida

.

GRANICA
ARGENTINA - ESPAÑA - MÉXICO - CHILE - URUGUAY

© 2015 *by* Ediciones Granica

ARGENTINA
Ediciones Granica S.A.
Lavalle 1634 3° G / C1048AAN Buenos Aires, Argentina
granica.ar@granicaeditor.com
atencionaempresas@granicaeditor.com
Tel.: +54 (11) 4374-1456 Fax: +54 (11) 4373-0669

MÉXICO
Ediciones Granica México S.A. de C.V.
Valle de Bravo N° 21 El Mirador Naucalpan - Edo. de México
53050 Estado de México - México
Tel.: +52 (55) 5360-1010 Fax: +52 (55) 5360-1100
granica.mx@granicaeditor.com

URUGUAY
granica.uy@granicaeditor.com
Tel.: +59 (82) 413-6195 - Fax: +59 (82) 413-3042

CHILE
granica.cl@granicaeditor.com
Tel.: +56 2 8107455

ESPAÑA
granica.es@granicaeditor.com
Tel.: +34 (93) 635 4120

www.granicaeditor.com

GRANICA es una marca registrada

ISBN 978-950-641-859-5

Queda hecho el depósito que marca la ley.

Impreso en Argentina - *Printed in Argentina*

De Oto, Graciela
    Encuentra tu pasión : siete pasos para emprender tu
proyecto de vida / Graciela De Oto. - 1a ed. . - Ciudad
Autónoma de Buenos Aires : Granica, 2015.
    160 p. ; 22 x 15 cm.
    ISBN 978-950-641-859-5

    1. Administración de Empresas. 2. Emprendimiento.
I. Título.
    CDD 330

*A mi familia, a mi hijo Jonathan,
quien siempre tiene algo para enseñarme,
y a mi esposo Jorge, mi alma gemela.*

*A vos, protagonista de esta historia,
para que vivas tu sueño y dejes
de soñar tu vida.*

ÍNDICE

INTRODUCCIÓN

Conozco la soledad que a veces sentimos al perseguir la llamada interior de una pasión arraigada. He sentido esa misma sensación a lo largo de toda mi vida.

De joven, sentía que nadie comprendía mis valores y perspectivas. Y de grande, me he sentido profundamente aislada por creer con firmeza en el poder de una visión inspiradora entendiendo que no es posible ignorarla eternamente.

Ser exitoso y generar ingresos con lo que te apasiona no es algo sencillo de lograr, pero puede ser particularmente desafiante porque experimentarás obstáculos que te harán perder la inspiración y te sentirás sin coraje. Pero aprenderás que la única manera de sortearlos es concentrándote en aquello que haces mejor y que, al fin y al cabo, será tu destino.

En la última década las personas han experimentado un profundo cambio de conciencia que las ha llevado a preguntarse *quiénes* son y *cuál* es su papel en el mundo. Han logrado escuchar con mayor atención esa "llamada interior", y han conseguido ocupar roles de importancia en la industria, la política, la medicina y tantos otros campos en los que, hasta entonces, se encontraban en un segundo plano.

Lograr este cambio positivo y alcanzar tus objetivos de vida puede transformarse en una experiencia frustrante y agotadora. Por eso, el propósito de este libro es ayudarte a prosperar a nivel personal mientras persigues *esa* "llamada interior". No importa en qué etapa de la vida te encuentres. Puedes estar estudiando una carrera, o puedes, incluso, estar desarrollando un negocio exitoso, y aun así sentirte insatisfecho.

Te invito a que me acompañes en esta aventura de encontrar un proyecto de vida lleno de desafíos y recompensas, porque todos tenemos talentos y habilidades únicas, y nuestras pasiones actúan como faros que iluminan el sendero correcto para llegar a destino, para evitar que permanezcamos inmersos en una vida monótona y sin sentido.

Capítulo 1

EL ESPÍRITU APASIONADO

Yo no tengo un talento especial,
solo soy apasionadamente curioso.
Albert Einstein

Encontrar el espíritu apasionado es despertar nuestra sensibilidad oculta en la temprana infancia. Es transportarse a ese maravilloso mundo olvidado y dejarse llevar, imaginar, soñar que todo es posible. Pues estoy convencida de que todos nacemos con talentos naturales y de que, a medida que pasa el tiempo, los vamos olvidando, dejando a un lado, esperando ansiosos el reencontrarlos.

Irónicamente, vamos por la vida disfrutando muy poco de lo que hacemos; desconectados de nuestras pasiones, sin una verdadera percepción de nuestros talentos individuales, y sin tener siquiera una idea precisa de aquello que nos satisface. Hasta que un día llegamos al punto de quiebre y nos damos cuenta de que tenemos la imperiosa necesidad de realizar un cambio hacia una vida mejor.

Es entonces cuando recordamos que existe el mundo de las pasiones y que tenemos que comprender claramente dónde estamos parados y qué papel específico estamos jugando para conseguir aquello que buscamos.

Por eso, es bueno tomar conciencia de que existen tres fuerzas que le dan forma al *espíritu apasionado*. La primera es "la fuerza del autoconocimiento".

La fuerza del autoconocimiento

Esta fuerza nos dice que para poder conectarnos con nuestras pasiones y estar conscientes de lo que somos capaces de hacer es necesario conocer en profundidad quiénes somos.

El autoconocimiento nos permite tener una noción concreta de nuestra persona y nos libera de la confusión de creer que somos lo que hacemos, en lugar de ser lo que somos.

Pues cuando nos atamos a lo que hacemos y no a lo que realmente sentimos, terminamos atrapados en lo que debemos o tenemos que hacer y nos alejamos de nuestra pasión.

> ¿Somos lo que hacemos en lugar de ser
> lo que somos?

Para comprender qué es lo que realmente amas es necesario romper con el viejo paradigma que indica que el trabajo es para darte seguridad, mientras que aquello que amas queda dentro de la esfera de los pasatiempos. Si vas a pasar la mayor parte de tus horas diarias trabajando, será mejor que centres tus esfuerzos en asegurarte de que vas a disfrutarlo porque haces lo que realmente te gusta.

Pregúntate a ti mismo qué profesión o negocio puedes hacer o ejercer. Qué es lo que realmente amas; eso que no sientes como una carga o una obligación, y si serías bueno o no en esa actividad; si lo harías gratis si fuera necesario.

El próximo paso es evaluar tus opciones, y para ello voy a sugerirte una serie de pasos que te ayudarán en tu proceso de decisión.

Realiza un listado con todo aquello que te apasiona, incluye no solo lo laboral sino también las aficiones que te resultan interesantes, y otórgales un puntaje del 1 al 10 a cada una de ellas respondiendo a las siguientes preguntas:

a) ¿Qué puedo hacer bien y me encanta?
b) ¿Qué habilidades tengo para ello?

A continuación, elige aquella actividad que tenga el puntaje más elevado y profundiza en tu opinión investigando a aquellas personas que realizan lo mismo de forma exitosa. Es muy importante observar cómo esas personas pasan su tiempo, ya que la profesión o el negocio que elijas pueden parecerte sumamente interesantes, pero las actividades que los rodean te resulten una tortura.

Investigar y profundizar en el tema te ayudará a no tomar una decisión equivocada en el futuro.

¿Quién eres?

John Mayer y Peter Salovey[1] afirman que existen diversos estilos de personas, y que estas se diferencian por la forma en que tratan sus emociones. Veamos los diferentes tipos:

Las personas conscientes de sí mismas

Son las que se caracterizan por vivir en el presente, conscientes de su estado de ánimo. Son personas que ante un problema ven una oportunidad, cualidad que les permite salir de situaciones negativas con cierta facilidad. Son autónomos, seguros y positivos, y tienen una vida emocional muy desarrollada.

Las personas atrapadas en sus emociones

Estas personas, a diferencia de las anteriores, son poco conscientes de sus emociones. Desbordados y dominados

---

1. John Mayer y Peter Salovey: *Inteligencia emocional*, Baywood Publishing Co, Yale University, New Haven, 1990.

por ellas, suelen sentirse perdidos, pues se les hace muy difícil controlar su vida emocional.

Las personas que aceptan resignadamente sus emociones

Son sumamente conscientes de sus emociones, pero adoptan una postura pasiva y de aceptación frente a estas y a lo que les sucede, sin plantearse siquiera hacer un mínimo cambio en su vida.

> Y tú, ¿en qué grupo te encuentras?

La ventana de Johari

Para sacar lo mejor de nosotros mismos, es prioritario conocernos. Para ello, existe una herramienta que facilita el autoconocimiento y la reflexión sobre uno mismo llamada "La ventana de Johari".[2]

Creada por los psicólogos José Luft y Harry Ingham, en 1955, enmarcada dentro de la psicología cognitiva, se utiliza con gran éxito para trabajar tanto en la dinámica grupal como en el crecimiento personal. Esta ventana está dividida en cuatro cuadrantes:

El área libre. Aquí se alojan aquellos rasgos de nuestra personalidad que son visibles tanto para nosotros como para los demás. Las personas en quienes predomina esta área son aquellas que tienen una conducta más armoniosa y sana, ya que se conocen a sí mismas, se muestran tal cual son y no temen hacerlo ante los demás.

---

2. Silvino José Fritzen: *La ventana de Johari. Ejercicios de dinámica de grupo, relaciones humanas y sensibilización.* Sal Terrae, Bilbao, 1987.

El área ciega. Aquí se encuentran aquellos rasgos de nuestra personalidad que son invisibles para nosotros, pero visibles para los demás. Por ejemplo: nuestra manera de caminar o de hablar.

El área oculta. Contiene información personal privada, muy conocida por nosotros pero desconocida por los demás. Es decir, aquellos rasgos de nuestra personalidad que son sumamente visibles para nosotros mismos, pero invisibles para los otros, que ocultamos por temor a no ser aceptados o apoyados.

El área desconocida. Aquí se albergan aquellos aspectos de nuestra personalidad que son invisibles tanto para nosotros como para los demás. Aquellas conductas o mecanismos inconscientes que ni nosotros ni nuestro entorno pueden percibir.

La ventana de Johari

YO

	Conocido por mí	Desconocido por mí
Conocido por los demás	I Área libre Autoconocimiento Autoconciencia	II Área ciega Conciencia social
Desconocido por los demás	III Área oculta Autoliderazgo	IV Área desconocida Habilidades sociales

Los demás

Estos cuatro cuadrantes constituyen un sistema único, donde cada área es tan importante como las demás, y una mínima alteración en una de ellas modificará también al resto. Trabajar en pos de ampliar el Área I, facilitará reducir el resto de las áreas, y permitirá mejorar el autoconocimiento y las relaciones interpersonales.

La fuerza de la experiencia

Si has descubierto que amas diseñar, cocinar o editar una revista, debes tomar esa pasión y convertirla en algo sustentable.

Para lograrlo, debes dominarla y volverte un experto en ello. Y eso solo se consigue incrementando tus habilidades mediante la capacitación continua.

Sucede que, muchas veces, las personas creen equivocadamente estar capacitadas para ejercer profesiones o llevar adelante negocios para los cuales, en verdad, no se encuentran capacitadas. Por eso, es necesario analizar a conciencia las fortalezas y debilidades propias, y así mejorar y pulir aquello que haga falta. Para ello, un análisis FODA es una herramienta ideal.

Un análisis FODA (fortalezas, oportunidades, debilidades, amenazas) personalizado, cuya planilla comparto a continuación, te permite identificar en qué eres fuerte y en qué debes reforzar tus capacidades para obtener la mejor versión de ti mismo.

Anota en la siguiente planilla las fortalezas, oportunidades, debilidades y amenazas que percibes actualmente en tu persona. Procura ser lo más breve y simple posible. Y claro, hacerlo a conciencia y con sinceridad. Después de todo, nadie más que tú lo leerá.

¡Adelante!

FORTALEZAS	DEBILIDADES
_____	_____
_____	_____
_____	_____
_____	_____
_____	_____
_____	_____
_____	_____
_____	

OPORTUNIDADES	AMENAZAS
_____	_____
_____	_____
_____	_____
_____	_____
_____	_____
_____	_____
_____	_____

Una vez que tengas los resultados de este análisis, podrás salir en búsqueda de los mejores recursos para capacitarte.

No es momento para la autocompasión, el autoboicot o recurrir a excusas. Tampoco para pensar que no cuentas con recursos. La lluvia también cae sobre los ríos y, afortunadamente, en esta era digital muchas brechas se han acortado y existen innumerables opciones para aprender lo que quieras. Puedes acceder a cursos online sin costo alguno en sitios como: www.coursera.org, www.edx.org o www.udacity. com; incluso puedes asistir a cursos presenciales, comprar o pedir prestados libros o buscar mentores, entre otras alternativas.

Lo importante es que tomes conciencia de que el aprendizaje continuo y la práctica son el único camino para desarrollar tu pasión y consagrarla profesionalmente.

Autonomía y autoestima

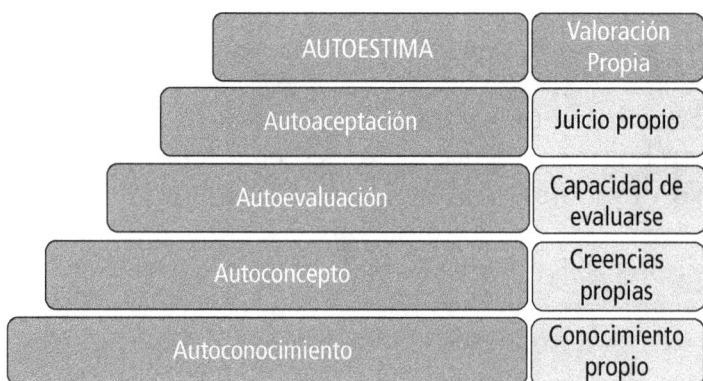

Una de las razones más importantes por las cuales la mayoría de las personas encuentran una limitación para descubrir y desarrollar sus pasiones es la falta de búsqueda de espacios para la autorrealización y la independencia.

El desarrollo de la autoestima es un proceso continuo y cambiante que está relacionado con los juicios que va construyendo la persona sobre sí misma. Este proceso puede esquematizarse como una escalera donde cada peldaño que se sube es la base del siguiente escalón, hasta lograr la autoestima deseada para vivir la vida que queremos.

Autonomía y autoestima

AUTOESTIMA	Valoración Propia
Autoaceptación	Juicio propio
Autoevaluación	Capacidad de evaluarse
Autoconcepto	Creencias propias
Autoconocimiento	Conocimiento propio

Nuestro proyecto de vida, por lo tanto, se asentará en las consecuencias inmediatas de la autoestima. Pues desarrollar una autoestima positiva se verá reflejado inmediatamente en el desarrollo de nuestra personalidad y nos impulsará a actuar conforme con nuestros objetivos de vida.

La fuerza de la conquista

A lo largo de la historia, la humanidad ha demostrado poseer un coraje sin igual. Una fuerza que la ha llevado por caminos inimaginables. ¿Qué habría sido de Jesús si hubiese dudado de sus creencias? ¿Que habría sido de Gandhi si hubiese sucumbido ante el miedo y la desesperación? ¿Habría sido capaz Neil Armstrong de convertirse en el primer hombre en pisar la Luna sin esa fuerza? Posiblemente no.

Porque esa fuerza –la "fuerza de la conquista"– es el impulso instintivo que nos lleva a superar las dificultades que se nos presentan a lo largo del camino y que nos conduce a la concreción de nuestras pasiones.

Ante una posible amenaza, los seres humanos estamos preparados para huir o pelear. Y es la "fuerza de la conquista", alimentada por nuestro espíritu de lucha, la que nos lleva a enfrentarnos a diario a las adversidades, a levantarnos cada vez que caemos.

Ese espíritu de lucha es el que se requiere para lograr un desarrollo personal exitoso. Ya que, cada vez que estés trabajando para alcanzar un objetivo, deberás apelar a toda tu fuerza de conquista para convertir en grandes saltos tus tropiezos, y en fieles aliados a tus fantasmas. Tu propia resistencia al cambio será el primer obstáculo que deberás sortear.

Será en esos momentos cuando tendrás la posibilidad de demostrar que las condiciones adversas no te alejarán de tu pasión. Pues aunque no lo sepas, tú también posees ese espíritu de lucha, esa "fuerza de la conquista". Solo basta con ejercitarla adecuadamente a través de:

Generar compromiso con las responsabilidades que asumas

Esto significa que debes cumplir con todas las responsabilidades que tomes y las que se presenten en tu camino hacia aquello que te propones alcanzar.

Si te pones un objetivo, por pequeño que sea, debes alcanzarlo utilizando toda tu fuerza de voluntad, con independencia de los obstáculos que se te presenten.

Aprender a centrarse en su visión y su misión

Debes evitar la dispersión, aferrarte a todo aquello que te motiva para estar cada vez más cerca de tus ideales.

Métete de lleno en el mundo que buscas alcanzar: lee libros que te incentiven, que cuenten historias similares a la que tú intentas transitar. Escucha música que te estimule y te de energías para pelear. Mira películas con las que te identifiques y que te inspiren.

Debes buscar la manera de bloquear esos malos hábitos que no te permiten crecer, y de cambiarlos por otros que te acerquen a tu objetivo.

Dar lo mejor de uno mismo para alcanzar las metas

Cuando se trata de alcanzar tus sueños, no hay mañana. Nadie sabe cuánto tiempo le queda sobre esta tierra. ¿Qué harías si supieras que tu tiempo se acaba? ¿Seguirías esperando para empezar a recorrer tu camino? Seguramente no. Y seguramente harías siempre el mayor esfuerzo con tal de alcanzar lo que buscas.

Por eso, debes dar lo mejor de ti mismo ahora. Debes amigarte con los fracasos pasados, mirar hacia adelante y sacar de tu mente los pensamientos negativos; tienes una sola oportunidad, un solo tiro para dar en el blanco.

Los obstáculos de la conquista

En toda conquista existen obstáculos que limitan e impiden llegar a nuestra meta, y el desarrollo personal no es una excepción.

Generalmente, cuando estos imprevistos e inconvenientes surgen, se tiende a creer que constituyen una especie de señal que indica que estamos equivocados y debemos desistir de perseguir nuestros sueños. Muchas personas, incluso, no han encontrado su pasión porque no han comprendido su potencial para utilizar dichos obstáculos a su favor y tomarlos como aprendizaje.

En el camino hacia cualquier meta que te propongas, habrá obstáculos impuestos por el entorno, y otros que estarán directamente relacionados con tus decisiones y pensamientos. Con el fin de facilitar su identificación, y de ese modo dominarlos, podemos reflexionar acerca de cuáles son los obstáculos que dependen solo de ti y que te alejan de la conquista.

El primer limitante que se nos presenta es el miedo; al éxito, al fracaso, a no lograr la perfección, a no contar con el dinero suficiente para nuestro cometido. Murallas que nos apartan del futuro y nos estancan en la fantasía de las cosas que *pueden* llegar a pasar.

Lo cierto es que nunca sabemos qué puede llegar a pasar cuando emprendemos un camino. Nadie lo sabe. Y la forma de afrontar esos miedos es justamente hacer cosas; salir de la parálisis defensiva y de la zona de confort. Arriesgar, mirando el futuro pero con los pensamientos concentrados en el presente.

El segundo limitante surge cuando nos centramos únicamente en el problema. Nos enfocamos y regodeamos tanto en él que con nuestra propia energía lo estamos alimentando y volviendo aun más grande. Incluso más de lo que realmente es.

Es bueno tener en cuenta que, si en lugar de enfocarnos en el problema, lo hacemos en buscar una solución apelando a la creatividad, podremos encontrar nuevas formas de sortear los obstáculos.

El último limitante a enumerar es, sencillamente, nuestra voluntad. No ser perseverantes, dejar las cosas para mañana –en especial cuando una dificultad surge y las cosas no salen de acuerdo con lo planeado– agrava la visión que tenemos de nuestra limitada capacidad para el logro de objetivos. Por eso, debemos ser persistentes y mantenernos firmes en el objetivo de vida que emprendamos.

Los obstáculos te impulsan a cambiar, y te abren las puertas a nuevas experiencias y nuevos retos, siempre que puedas descubrir la ganancia secundaria que ellos te brindan.

Seguro que te estarás preguntando qué tienen de positivo los problemas. Bueno, la respuesta es muy sencilla: en primer lugar, te dan experiencia. Pues te fuerzan a ejercitar tu cerebro para poder encontrar soluciones innovadoras y así llegar a la raíz del problema. Es decir, aprender de tus errores.

Otra cara positiva de los problemas es que te obligan a adaptarte, y en un mundo en constante cambio como el nuestro la capacidad de adaptación es una habilidad necesaria para progresar, al mismo tiempo que agudiza tu creatividad.

De modo que la próxima vez que te encuentres frente a un inconveniente, en lugar de sobredimensionarlo, dramatizarlo y comentarlo entre tus allegados, recuerda que ningún problema es tan grande como para que una solución positiva no pueda ser encontrada.

A modo de corolario, citaré las 21 reglas para lograr conquistar tus objetivos, del libro *Metas*, de Brian Tracy.

1. Libera tu potencial
Nuestro potencial innato es extraordinario. Ahora, en este momento, mientras lees este libro, tienes en tu interior la

capacidad necesaria para alcanzar casi cualquier meta que te propongas. Haz la prueba. Tu mayor responsabilidad es invertir el tiempo y el esfuerzo que sean necesarios para sacar a relucir ese potencial y poder así fijarte metas claras. Ya que somos felices cuando hacemos algo que nos conduce hacia lo que queremos, entonces, lo que debemos preguntarnos es: "¿Cuáles son nuestras metas?", "¿Qué propósitos queremos alcanzar?", "¿Dónde queremos acabar al final del día?".

2. *Toma las riendas de tu vida*
Cuando aceptamos la plena responsabilidad de nuestra vida damos un paso de gigante que nos lleva desde la adolescencia hasta la adultez. Nos empoderamos al saber que somos nosotros quienes decidimos sobre nuestro futuro.

3. *Crea tu propio futuro*
A lo largo de muchos años, se han realizado miles de estudios sobre grandes líderes de la humanidad. Y de todos ellos se destaca solo una cualidad especial: la de la visión. La capacidad de proyectar su pasión en el horizonte para luego caminar hacia ella. Si hoy puedes ver el mañana y actuar en consecuencia, estarás dando un gran paso hacia tus sueños.

4. *Aclara tus valores*
La vida se vive de dentro hacia afuera. El núcleo de nuestra personalidad son nuestros valores. Y son estos los que nos constituyen y nos hacen quienes somos. Por eso, para comprender realmente quiénes somos, qué queremos y hacia dónde vamos, es primordial tener claro cuáles son nuestros valores.

5. *Define tus verdaderas metas*
Es prácticamente imposible avanzar sin saber hacia dónde vamos. Nadie camina de una esquina a la otra mirando el suelo. Y es absolutamente imposible hacerlo sin un motor que nos impulse a avanzar. Por eso, es esencial contar con un deseo intenso y ardiente para poder superar los obstáculos y alcanzar grandes metas.

6. Define cuál es tu primer propósito claro

Imaginemos a una corredora de los "100 metros con vallas"; se prepara en la largada, mira a lo lejos la llegada y espera la señal de salida. Si su meta primordial es llegar a los 100 metros y su visión está clavada en dicho punto, posiblemente tropiece con el primer obstáculo que se le presente. Ya que, en el intento de alcanzar su meta mayor, perderá de vista las pequeñas metas que tiene por delante y fracasará.

Por el contrario, si su deseo esencial es llegar a los 100 metros, pero comprende y toma como meta cada una de las vallas que se cruzan en su camino, logrará hacerlo con éxito.

Por eso, es de suma importancia que definas cuál es tu primera "valla"; tu meta más importante en ese momento.

7. Analiza tus convicciones

Quizás esta sea la más importante de todas las leyes mentales: la ley de la convicción. Ella dice que cualquier cosa que creamos con convicción se convertirá en realidad. No es magia, no es fantasía, es solo cuestión de probar.

8. Empieza por el principio

Imaginemos que te dispusieras a atravesar en auto un país de un extremo al otro. Lo primero que harías sería elegir el destino y luego mirarías un mapa para determinar cuál es el mejor camino para llegar. Sería lo lógico ¿no? ¿Por qué, entonces, no deberías hacer lo mismo con tus sueños?

9. Mide tus progresos

Cuando fijes tus metas y empieces a avanzar hacia ellas, es realmente conveniente que establezcas una serie de hitos o mediciones que puedas usar para evaluar tus progresos. Por ejemplo: imaginemos una persona que debe ordenar una biblioteca con miles y miles de libros; para trabajar ordenadamente irá midiendo sus progresos, quizás de forma diaria –acomodando un género por día–, o de forma semanal, haciéndolo por orden alfabético. Lo importante es que cuando termine el plazo que se impuso, logre haber cumplido con su cometido y pueda apoyarse en eso para seguir avanzando.

10. Elimina los obstáculos

Lo que pensamos nos domina. "Nos convertimos en aquello que pensamos la mayor parte del tiempo". Y como bien afirma Brian Tracy, está demostrado que los triunfadores piensan en las soluciones la mayor parte del tiempo. Tienen una forma particular de pensar que llamamos "orientada a las soluciones". Somos nosotros, entonces, los que decidimos convertirnos en triunfadores o perdedores, al elegir en qué concentrarnos. ¿En qué piensas tú, la mayor parte del tiempo?

11. Conviértete en experto en tu campo

Una característica de los triunfadores es que, en un momento dado de su vida profesional, decidieron "comprometerse con la excelencia". Entendieron que, para conseguir diez veces más de lo que estaban consiguiendo, debían hacer diez veces más de lo que estaban haciendo. ¿Cuánto estás haciendo tú hoy para conseguir lo que quieres para mañana?

12. Asóciate con las personas adecuadas

Todo, tanto en la vida como en los negocios, es relación. Todo lo que alcancemos o no logremos alcanzar estará estrechamente ligado, de una u otra manera, a otras personas. Por eso es realmente muy importante elegir bien a las personas que conformarán nuestro ecosistema. Serán nuestros socios y aliados en el camino hacia nuestros sueños.

13. Elabora un plan de acción

Así como tomamos un mapa y trazamos el camino en nuestra imaginaria travesía de cruzar un país de un lado a otro, debemos emprender el camino hacia nuestro objetivo. Trazar un plan de acción detallado y cuidadosamente elaborado. Pues todos los triunfadores trabajan a partir de planes escritos. Nada en la historia se ha logrado sin ellos. Ni la construcción de las pirámides ni los grandes saltos industriales se han logrado sin un plan de acción. Valerte de uno te ayudará a resolver, de antemano, problemas que surgirán más adelante. Te ayudará a ahorrar y optimizar tu tiempo y tus energías.

14. Administra bien tu tiempo

Lo primero que le sucede a una persona cuando emprende un proyecto propio es que se convierte en dueña y administradora de su tiempo. Antes, quizás, cuando se desempeñaba bajo una relación de dependencia, ese tiempo estaba limitado y regido por los superiores, por el lugar de trabajo, y eso le proporcionaba cierta seguridad y orden. Volverse independiente y perder esos límites puede resultar algo vertiginoso. Por eso es primordial que controles y administres tu tiempo. Desde luego, deberás apelar a tus mayores virtudes, apoyándote en tu autodisciplina, tu autocontrol y tu autodominio. Y también en tu criterio para saber establecer prioridades. Una buena manera de lograrlo es armar listas con las tareas a realizar e ir simplemente cumpliendo los objetivos de ese listado.

15. Revisa tus metas a diario

Siguiendo un poco la lógica de la anterior regla, Brian Tracy recomienda llevar consigo un cuaderno en espiral y, cada día, anotar allí entre diez y quince de las metas más importantes. No es necesario leer las del día anterior, y no es necesario, tampoco, que estén en el mismo orden. Incluso hasta puede que no sean siempre las mismas. Pero, al fin y al cabo, sucederá que aquellas prioritarias –las realmente prioritarias– aparecerán todos los días, despejarán tu camino y aclararán tu visión.

16. Visualiza tus metas continuamente

Algo característico de las personas que logran triunfar en lo que aman es que son capaces de soñar con todas sus fuerzas sus logros, e incluso tienen la capacidad de disfrutarlos por adelantado, como si ya los estuviesen viviendo. También pueden remontarse al recuerdo de algún triunfo pasado con el fin de revivir ese hermoso sentimiento y lograr ubicarse donde quieren estar. Prueba practicarlo un poco cada día y verás los resultados. Recuerda aquello de: "Nos convertimos en aquello que pensamos la mayor parte del tiempo".

17. Activa tu mente superconsciente

En psicología se habla de la "mente superconsciente", superego o "supraconsciente". Con independencia de cómo lo llamemos, es un gran poder universal al que podemos acceder en cualquier momento para alcanzar cualquier meta que queramos de verdad, siempre que la deseemos con intensidad, durante un tiempo y con fuerzas suficientes. Por eso, siempre que tengas una meta clara, que visualizas de forma continua y trabajas cada día para conseguirla, en tu vida surgirán experiencias y acontecimientos inesperados que te ayudarán a alcanzar los pasos hacia tu meta con mayor rapidez.

18. Permanece flexible en todo momento

Imaginemos a un conductor que intenta llevar a su familia de vacaciones y que la ruta por la que había decidido llegar está inundada por el crecimiento de un río. El conductor tiene dos opciones: avanzar y seguir por donde pensaba ir, corriendo el riesgo de quedar *estancado* en el agua; o bien reformular su trayecto y tomar otro camino.

Ser flexible es ser adaptable. Es ser capaz de reconocer los errores propios y de poder cambiar de plan cuando el entorno lo requiere. No es fácil decir "estaba equivocado", pero es el primer paso para emprender un nuevo camino hacia la misma meta.

19. Libera tu creatividad innata

La creatividad no es un don que solo algunos afortunados poseen. La creatividad es un músculo que, como tal, puede ejercitarse. Es cuestión de práctica. Aprovecha cada momento para poner a prueba tu creatividad; haz actividades extracurriculares, búscate un desafío cada día para poder crear. Cuánto más ejercites tu creatividad innata, más capacidad de resolver problemas tendrás en tu camino, y más matices podrás encontrarle a tu plan de acción.

20. Haz algo cada día

No dejes para mañana; haz algo hoy que te acerque un poco más a donde quieras llegar. Cada segundo que pasa sin que hagas algo, es un segundo perdido. Arma tu plan de acción, programa tu día de trabajo.

Está comprobado que las personas más exitosas son las que planifican rigurosamente cada una de sus actividades cotidianas.

21. Persevera hasta triunfar

Todos los grandes éxitos de tu vida representan un triunfo de la perseverancia. El determinante crítico de tu éxito es tu capacidad para decidir qué quieres, empezar a hacerlo y luego perseverar hasta que lo logres, atravesando los obstáculos y pruebas que se presenten. Desde luego, sin coraje, sin ese espíritu de lucha, el desafío será imposible.

Winston Churchill escribió: "Se considera, acertadamente, que el coraje es la más importante de las virtudes porque de ella dependen todas las demás". Y tenía razón.

Elecciones adecuadas

El crecimiento personal orientado a aprender, a lograr diversos propósitos y a alcanzar la plenitud se basa en nuestro sistema de elecciones y en el camino que tomamos cuando decidimos quedarnos dentro del área de la preocupación o bien dentro del área de la motivación.

Con el objetivo de ayudarte a conectar con aquello que te entusiasma y te impulsa a la acción, es importante que puedas liberarte de todo lo que te preocupa, identificándolo.

A continuación, veremos cinco estados emocionales que pueden modificarse a fin de que puedas eliminar tus limitaciones.

ABRUMADO: "Mi vida es un caos y no sé por dónde comenzar".

Esta emoción interna nos tiene atrapados en la suposición de que tenemos que resolver todo al mismo tiempo, de manera detallada y al instante. Por ello nos sentidos abrumados, agobiados.

DISPERSO: "Empiezo algo y nunca lo termino".

Este sentimiento interno es muy desgastante, ya que no te permite enfocarte en aquello que quieres lograr, pues vas saltando de una actividad a otra dejando todo a medio hacer.

CONFUSO: "No sé qué es lo que quiero".

Esta situación de confusión constante no te permite ver con claridad en dónde encajas en el mundo. Y al mismo tiempo, resulta frustrante no tener conciencia de cómo estás actualmente.

DESMOTIVADO: "No tengo ganas de hacer nada".

Este estado mental de desmotivación surge de la creencia de que todo lo que hagamos va a estar asociado con situaciones incómodas y dolorosas, las cuales, por supuesto, queremos evitar a toda costa.

FRUSTRADO: "Lo intenté todo y nunca funcionó".

El sentimiento de frustración nos pone en la postura de víctima de las circunstancias. Nos sentimos aprisionados, sin salida, moviéndonos dentro de la rabia y la depresión, en un estado de inercia constante.

Seguramente, en algún momento de tu vida has padecido alguna de estas situaciones de parálisis emocional que te impidió superar tus retos. La buena noticia es que cualquiera de esos estados emocionales puede modificarse para que puedas liberarte de tus restricciones y erradicar las excusas.

La esencia de la motivación

Detrás de cada historia de éxito hay siempre una persona que ha comprendido la esencia del proceso motivacional. Y esa comprensión es la que, justamente, la pone en ventaja al momento de producir resultados.

Cabe destacar que, frente a situaciones inesperadas no todos podemos reaccionar de la misma manera. Algunas personas se debilitan porque afloran sus miedos e inseguridades. Otras se endurecen, poniendo ante sí una coraza que los protege. Y unas pocas logran motivarse y volverse más fuertes.

Lo cierto es que la esencia de la motivación está en descubrir y controlar las fuerzas emocionales que marcan tu accionar.

Todos los seres humanos se mueven por la inspiración o por la desesperación. Dicho de otro modo: debemos identificar si lo que nos motiva es el dolor, o bien estamos siendo guiados por el deseo de lograr aquello que anhelamos.

Por eso, si te encuentras atrapado en alguno de los estados de preocupación descriptos anteriormente, significa que la fuerza que te controla es el dolor. Pero no te preocupes: por extraño que parezca, a muchas personas les resulta extremadamente difícil dejar de moverse dentro de ese ámbito, pues aún no han alcanzado el umbral emocional que las impulse a producir un cambio.

La razón que explica este comportamiento es que la persona vive concentrada en lo que no está haciendo y olvida ocuparse de la causa de su parálisis.

En el preciso momento en que nos centremos en fortalecer nuestro carácter o aumentar nuestra determinación, estamos decidiendo que no queremos estar más en la situación que nos atrapa, y transformamos el sufrimiento en nuestro aliado.

De ese modo, el mismo dolor que nos estancaba nos conduce a un cambio positivo que, paulatinamente, irá mejorando nuestra situación actual.

Para lograrlo de forma más efectiva, existen tres factores capaces de ayudarnos a modificar nuestro estado emocional.

Componente fisiológico

Comunicamos nuestras emociones a través de nuestra fisiología. Nuestro cuerpo "habla" aunque no estemos diciendo nada. Nuestra expresiones faciales, nuestra postura corporal y los gestos que hacemos demuestran cómo nos sentimos. Si tenemos los hombros caídos, por ejemplo, una expresión facial de enojo o la mirada baja, estaremos evidenciando que nos sentimos frustrados. Por eso, el modo en que usemos nuestro cuerpo –reconociendo a cada momento la postura que adoptamos– nos ayudará a identificar, y finalmente cambiar, ese estado de ánimo de manera positiva.

Comunicación no verbal

El control de las emociones está basado en el diálogo interno con nosotros mismos. El tipo de pensamiento interior que tengamos hará que nos sintamos bien o mal. Recuerda: "Nos convertimos en aquello que pensamos la mayor parte del tiempo". Y para que esta comunicación interna se transforme en emociones positivas, hay que asumir la responsabilidad de elegir lo que pensamos a cada instante. Debemos ser capaces de elegir pensamientos que, en lugar de disminuirnos, sean constructivos.

Actitud

Nuestros modelos mentales están basados en los valores y creencias que tenemos de nosotros mismos. Si nuestra actitud es asumir que tenemos el potencial necesario para luchar por nuestras pasiones, esa creencia nos conducirá a llevar a cabo las acciones que sean necesarias para lograr los resultados deseados. En pocas palabras: si no creemos en nosotros mismos nadie lo hará, y fracasaremos ante cualquier intento.

El secreto consiste en ir reformulando nuestras creencias para que una actitud ganadora y positiva pueda ir generando las dosis de motivación necesarias.

Como dijo Sartre: "Somos lo que hacemos con lo que hicieron de nosotros".

El cambio está en tus manos.

Capítulo 2

LA PASIÓN INNOVADORA

Las ideas pueden cambiar tu vida.
Algunas veces lo único que necesitas para
abrir la puerta es solo una buena idea más.
Jim Rohn

Nunca debemos subestimar el poder de las ideas. Pues cuando comienzas a pensar de forma creativa un nuevo flujo de perspectivas fluye en tu cerebro y comienzas a moverte en una dirección diferente. Es el primer paso en el camino hacia tus sueños.

Ideas creativas

Todos queremos formar parte de algo creativo e innovador porque nos resulta estimulante y a la vez divertido.

La mente creativa es aquella que combina conocimientos, pensamientos y perspectivas que dan respuestas nuevas y eficaces a problemas existentes. Una actitud creativa va acompañada de un espíritu en constante búsqueda de alternativas, de métodos originales, de adaptación a las necesidades del entorno y, sobre todo, de optimismo para convertir situaciones críticas en oportunidades de mejora.

Desde luego, tú puedes ejercitar tu mente creativa. Estos son algunos consejos que pueden ayudarte.

1. Cuestionar lo que haces

Suele suceder que muchas veces realizamos cosas que no están alineadas con nuestras pasiones y, en consecuencia, no producimos los resultados deseados. Es importante que podamos cuestionar nuestros proyectos constantemente, y que nos preguntemos por qué hacemos lo que hacemos. Es la única manera de ser coincidentes con nuestro modo de vida.

2. Aceptar que existen numerosas posibilidades

Cuando te encuentras frente a un problema, debes considerar que existen distintas formas de verlo. Por lo tanto, es válido no quedarse con la primera solución que surja e ir en búsqueda de la más acertada. Tómalo como un desafío; inventa soluciones, cambia tu punto de vista.

3. Desafiar tus creencias arraigadas

Estar abierto a nuevas experiencias y opciones no consideradas antes es otra forma de crecer y de aprender nuevas habilidades. Desafiar nuestra creencia de que, por ejemplo, algo se hace siempre de la misma forma es flexibilizar nuestra mente para aprender nuevas formas de hacer las cosas.

Pregúntate por qué crees lo que crees, por qué aquello que consideras malo es malo, y por qué aquello que consideras bueno es bueno.

4. Divertirte mientras te superas

Tómalo como un desafío, un juego. Cualquier actividad nueva que emprendas ampliará tu red de contactos y tu experiencia en temas diversos. Te hará conocer nuevos puntos de vista y derribará tus prejuicios. Será gratificante y placentero.

Cómo crecen las ideas

Estarás pensando: "Claro, cualquiera puede tener ideas, pero no todos pueden concretarlas". Y es verdad, pues las ideas que tengamos van a necesitar no solo de tu esfuerzo y tu pasión, sino de diferentes tácticas. Ya que aun antes de su concreción, la idea, como idea misma, debe crecer y afianzarse para ser lo mejor posible antes de pasar al plano real.

A continuación verás algunas herramientas que te ayudarán a fortalecerlas.

La asociación de ideas

Consiste en liberar la mente y dejar que esta salte de una imagen a otra. Se comienza con una idea que ya tengamos y se la asocia con otra. Por ejemplo, si pensamos en la palabra "nube", podremos asociarla inmediatamente con la palabra "lluvia". Y a la lluvia con el agua, y así hasta que lleguemos a la nueva idea que buscamos. Realizar un listado de palabras es algo muy útil.

Cambios de perspectiva

Debemos cambiar la lente con que miramos las cosas. Preguntarnos: "¿Qué pasaría si...? ¿Qué es lo más emocionante?".

Estas preguntas predisponen tu mente a la búsqueda de nuevas perspectivas y, por ende, al encuentro de una respuesta más adecuada.

Inversión de ideas

Debemos poner todo patas para arriba. Ver lo bueno como malo, lo blanco como negro. De ese modo lograremos ver nuestra idea desde otro ángulo. Es decir, si buscamos dar un servicio personalizado, debemos iniciar nuestra búsqueda pensando en un servicio masivo.

Tal como un jugador de ajedrez se pone en la piel de su rival y piensa como él, nosotros debemos dar vueltas las cosas. Quizás desde la vereda de enfrente logremos ver otras cosas que perdemos de vista desde donde estamos.

Mapas mentales

Los seres humanos sabemos mucho más de lo que creemos. Desde pequeños absorbemos información que luego siempre utilizamos de forma inconsciente. Por ejemplo, cuando pensamos en un auto no pensamos en que tiene cuatro ruedas, luces, asientos, un motor y cientos de cosas más.

Lo sabemos, pero todo eso lo incluimos en la imagen mental que tenemos de él. Por eso, es muy útil sacar a relucir toda esa información. Y el mapeo mental es la herramienta indicada para ello.

Solo basta con tomar una hoja y un lápiz, anotar en el centro del papel la palabra o idea que queramos desarrollar, y añadirle a esta pequeñas ramas con las palabras que se nos vengan a la mente. Esto te permitirá tener una visión más amplia de las cosas, y contarás con más información como base.

Tormenta de ideas

Esta es una de las herramientas más utilizadas por las mentes creativas. Es la más utilizada para trabajar en grupo. Solo basta con disparar ideas sin ningún tipo de filtro, simplemente soltarlas. Se trata de generar tantas ideas como sea posible, de no dar lugar a crítica alguna. Dejar fluir y seguir adelante.

La actitud creativa

La actitud creativa es una predisposición a ver, a jugar con lo conocido y lo desconocido. Probar y explorar las diversas posibilidades que se presentan para así generar nuevas alternativas a una situación existente, o bien resolver problemas de un modo diferente. La actitud creativa es acción pura.

No es algo exclusivo de una profesión determinada. Es básicamente una manera de pensar; una nueva forma de ver las cosas.

Claro que existen aspectos fundamentales de la actitud creativa que, al conocerlos, podrás aplicarlos en ti.

1. La motivación es uno de ellos. Tu motivación debe ser lo bastante poderosa como para crear algo significativo, simplemente por el solo desafío que implica afrontar un reto.

2. La flexibilidad es otro aspecto fundamental. Bruce Lee, de quien muy pocos conocen su pasión y su docencia en el campo de la filosofía, afirmaba que las personas debemos ser como el agua. Pues el agua "puede fluir o puede estancarse". Puede tomar la forma de una botella si la pones en una botella, o la forma de una taza si la pones en una taza. Está en constante movimiento, sin forma, amoldándose a las circunstancias. Por eso, una actitud creativa se basa también en que seamos capaces de fluir y adaptar nuestra forma a los obstáculos que surjan en el camino. Recuerda que nada detiene al agua.

Fomentar la búsqueda continua de nuevas soluciones y alternativas no convencionales es también otro aspecto fundamental. Pues no solo debes estar preparado para lograrlo, sino que también debes buscar hacerlo cada vez que puedas. Cuanto más lo hagas, más capacidad creativa tendrás.

Debes confiar en ti mismo, y tener como estandarte la firme premisa de que siempre se puede encontrar algo mejor a lo existente. Si tú no lo haces, nadie más lo hará. La actitud ganadora es, por consiguiente, otro aspecto fundamental de una actitud creativa.

Ideas y creatividad

La creatividad es un factor fundamental a la hora de poner en marcha y desarrollar ideas en cualquier tipo de actividad. Ser creativo comienza con tu decisión de salir de tu zona de confort, e implica la adquisición de determinados hábitos.

La creatividad, como cualquier otra disciplina, se ejercita entrenándose. Y para ello se requiere de dos elementos indispensables. Primero: la tolerancia al fracaso. Si tienes miedo de avanzar, no avanzarás, por más que lo desees con todas tus fuerzas.

Debes perder el miedo aun sabiendo que incluso las ideas muy buenas pueden salir mal. Pero que, sin embargo, configuran una oportunidad de aprendizaje para fortalecer y mejorar el concepto original.

Es muy importante también estar abiertos a todo lo que sucede a nuestro alrededor. Y entender nuestro entorno como un elemento más, que se nutre y complementa con nuestra actitud de cuestionamiento.

Por eso, cuando hablamos de una idea creativa, tenemos que pensarla como si fuera una conexión entre dos o más conceptos ya existentes que generan un nuevo concepto como solución a un determinado problema o necesidad. Para resumir esto, Steve Jobs, fundador de Apple Inc., decía que la creatividad consiste simplemente en conectar cosas.

Desde luego, existen tantos procesos para generar ideas como creativos hay en el mundo. Hay incluso miles de libros que hablan al respecto. No obstante, podemos afirmar que cuatro pasos fundamentales resumen el proceso de generación de ideas.

1. Descubrir

Las ideas no siempre caen del cielo, a veces es necesario ir a buscarlas. Por eso, un buen ejercicio es salir a su encuentro y escribir lo que sientes, anotar una nueva perspectiva o simplemente un concepto cualquiera a partir del cual quieras desarrollar un servicio o producto. Este disparador llevará a tu mente hacia la selección de ideas con una nueva perspectiva.

Pasos para generar ideas

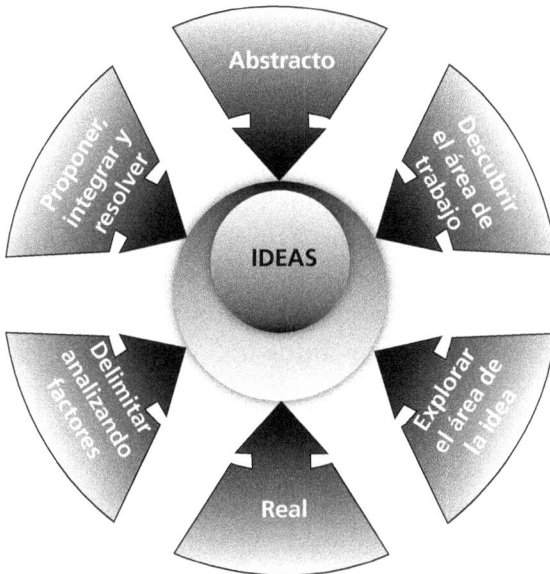

2. Explorar

Peter Drucker, en su libro *Innovación y emprendedurismo*, menciona que las nuevas ideas para la innovación pueden encontrarse en la búsqueda de lo que él llama "sucesos inesperados" en un mercado determinado. Estos sucesos hacen que dicho mercado sea pensado de manera diferente.

En nuestro contexto, un suceso inesperado es un servicio al que nadie le ha prestado atención y que de golpe despega. Dicho de otro modo: nacen para poner en evidencia un problema a solucionar o una necesidad a cubrir y son la semilla de una nueva idea.

41

3. Determinar

El sentido común es un aliado fundamental en nuestro camino. Es el que separa la genialidad de la locura. Por eso debemos ser capaces de observar con objetividad nuestras ideas, ponernos en el lugar del otro y, de ese modo, quedarnos con aquellas que, desde el sentido común, pueden funcionar.

4. Proponer

Proponer consiste en, finalmente, aceptar la idea más adecuada que quieras desarrollar y planificar su puesta en marcha. Deberás determinar, entonces, tus objetivos a cumplir.

Para ello, lo primero que debes hacer, es escribir la nueva idea, explicarla claramente destacando cuáles son sus ventajas y qué beneficios produce. Debes definir con claridad todas las actividades a desarrollar y asignar recursos a cada una de ellas. Pensar en todos los obstáculos que tendrás, y desarrollar medidas de contingencia para mitigarlos.

En suma, debes hacer un seguimiento constante de la idea de manera que, cuando el proyecto se desvíe de lo planificado, puedas ponerlo de nuevo en la dirección correcta.

La destrucción creativa

El concepto de "destrucción creativa" fue introducido por el economista Joseph Schumpeter, en relación con el mercado. Afirma que ella consiste en la acción de reemplazar lo obsoleto por formas innovadoras y más eficientes de entender las necesidades de los consumidores, y así modificar las condiciones que rigen la economía de dicho mercado.

Pese a que este concepto tiene una connotación negativa, resulta ser todo lo contrario. Pues podemos coincidir con Pablo Picasso, quien dijo que "Todo acto de creación es, ante todo, un acto de destrucción". En efecto; generar ideas originales depende de nuestra capacidad para crear enfoques novedosos mediante la destrucción de nuestra convencional forma de pensar.

Es decir, cambiar las viejas ideas y paradigmas que nos rigen de forma silenciosa, para darle lugar a lo nuevo. Esto es una destrucción creativa.

El ciclo de vida de una idea

La lógica del ciclo de vida de una idea corresponde a un proceso de transformación de ella, surgido de la detección de necesidades no resueltas u oportunidades que derivan en soluciones concretas que, finalmente, te impulsarán a perseguir tu sueño.

Ciclo de vida de una idea

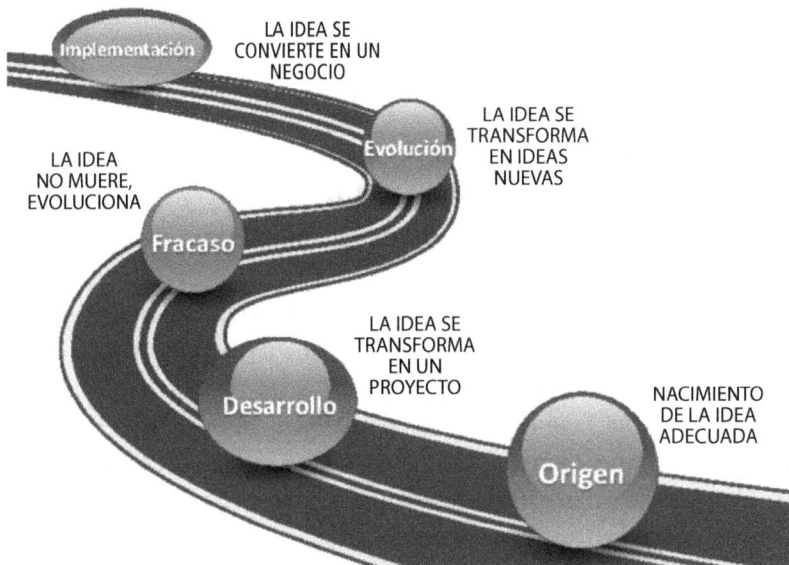

Implementación — LA IDEA SE CONVIERTE EN UN NEGOCIO

Evolución — LA IDEA SE TRANSFORMA EN IDEAS NUEVAS

LA IDEA NO MUERE, EVOLUCIONA

Fracaso

LA IDEA SE TRANSFORMA EN UN PROYECTO

Desarrollo

NACIMIENTO DE LA IDEA ADECUADA

Origen

El proceso se inicia con la detección de un problema o necesidad que requiere una solución. De este modo, se origina una serie de ideas que posteriormente deberán ser evaluadas como posibles alternativas de solución. Es el momento para:

1. Descartar las alternativas no factibles.
2. Seleccionar las alternativas factibles y avanzar a la siguiente etapa.
3. Seleccionar aquella alternativa que es técnica y económicamente mejor.
4. Esperar o postergar mientras se adopta una decisión definitiva.

Cuando se llega a la fase 2, es importante saber que aquí el objetivo principal es aumentar la certidumbre: recabar información suficiente y necesaria para seleccionar la mejor idea. Y transformarla en un proyecto cuando esa idea comienza a encontrar algún tipo de aplicación tentativa. Aquí sabremos que el proyecto es una buena solución al problema o la necesidad planteados, y que es la alternativa más conveniente, en comparación con las desechadas.

Cuando la idea evoluciona, puede transformarse en una nueva oportunidad. En caso de que fracase, la idea no muere allí, sino que se resignifica y se convierte en una nueva idea.

En esta etapa, el proyecto adquiere su realización objetiva y se transforma en algún tipo de prueba o piloto que puede ser llevado al mundo real.

Durante la fase de implementación, los pilotos exitosos, refinados y mejorados, encuentran el camino para convertir la idea en productos o servicios que posteriormente podrán ser lanzados al mercado.

La idea de negocio

Cuando hablamos de una idea creativa, podemos pensarla como si fuera una banda elástica que posee dos tensiones opuestas. En un extremo, encontramos el lado divertido: la libertad de generar algo diferente, lo que usualmente llamamos "creatividad + innovación".

En tanto que, en el otro extremo, puja la necesidad monetaria de transformarla en un modelo de negocios exitoso. Debe haber siempre un equilibrio perfecto entre ambas partes.

Desde luego, no es sencillo lograrlo, pero para que tu idea pueda convertirse en un negocio debes tener en cuenta los siguientes elementos:

- Debe ser oportuna. Es decir, debe aparecer en el momento adecuado y mantenerse durante un cierto período de tiempo.
- Debe proporcionar un valor agregado al cliente. Ya sea mediante la oferta de algo novedoso o que mejore algo existente.

> Tu idea
> ¿es oportuna y ofrece algo novedoso?

Desarrollar una idea de negocio

Si decides vivir de tu pasión y lanzar un producto o servicio nuevo al mercado, deberás desarrollar tu idea de negocios mediante la generación y validación de nuevas ideas.

Etapas de desarrollo de una idea de negocio

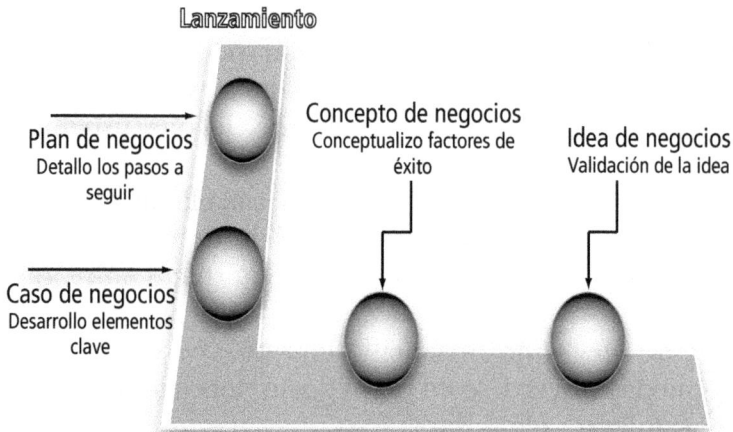

Lanzamiento

Plan de negocios
Detallo los pasos a
seguir

Concepto de negocios
Conceptualizo factores de
éxito

Idea de negocios
Validación de la idea

Caso de negocios
Desarrollo elementos
clave

Validación

Para que la idea de negocio resulte exitosa es vital que pueda cubrir las necesidades de tus futuros clientes. A esto se lo conoce con el nombre de *validación*.

Ella se produce cuando la persona comienza a cuestionar la validez de su idea de negocio al responder a las siguientes preguntas:

- ¿Qué producto o servicio brindará su negocio?
- ¿A quién se lo ofrecerá?
- ¿Cómo presentará su negocio sus productos o servicios?
- ¿Cuál es la necesidad de sus clientes que atenderá su negocio?

Desde luego, para responder a estas preguntas es recomendable conocer las etapas del proceso de validación.

1. Investigación de necesidades

En esta etapa debemos saber que, cuanto mejor se conozca una necesidad, el proceso para afinar la idea será más eficiente y rápido. Aquí se mezclan la intuición y la investigación. La capacidad de saber captar el momento y de ver el futuro.

2. Generación de ideas

Aquí, el objetivo es desarrollar los medios para generar de forma sistemática un banco de ideas que, inicialmente, sean aceptables. Debe tomarse en cuenta la información concerniente al conocimiento de las necesidades del cliente y, por supuesto, a los desarrollos tecnológicos.

3. Tamizado y evaluación de ideas

Ahora, debemos usar un poco más la lupa. Es decir, el objetivo de esta etapa es seleccionar las ideas con mayor potencial susceptibles de ser desarrolladas. La información que se recabe deberá estar dirigida a definir si existe un mercado para el producto o servicio, y si la empresa está capacitada para producirlo o brindarlo, así como determinar, desde luego, las necesidades financieras.

4. Test de concepto

Esta etapa del proceso es muy importante, pues consiste en transformar la idea en un concepto de producto, con una propuesta clara de beneficio para el consumidor. La finalidad, entonces, es identificar los objetivos clave del producto y su aceptación por parte de la persona consumidora; definir su potencial. Además, claro, de sus principales costos y mercados destinatarios.

5. Análisis empresario

Esta es la etapa final del proceso. Aquí se realiza un análisis potencial de la propuesta, cuyo objetivo es tomar la decisión de continuar, abandonar o bien reformular la idea.

Concepto de negocio

El concepto de negocio es, sencillamente, una declaración que te ayudará a formular las preguntas clave para que el negocio sea sólido. Es muy importante que las respondas con sinceridad y objetividad.

a) *¿Cómo es mi idea de negocio?*
Para decirlo de otra manera, debes preguntarte si tu idea es atractiva. No hay que ser un experto para responderlo. Basta con ponerse en el lugar del consumidor; incluso analizar cómo actuaría uno en ese rol, y evaluar si otros productos o servicios podrían resultarnos atractivos. Preguntarnos por qué nos atraerían y por qué no.

b) *¿Cómo me diferencio de mis competidores?*
¿Existe mi producto o servicio en el mercado? ¿Hay alguien que ofrezca algo parecido? Conocer a nuestros competidores es tan importante como conocerse a uno mismo. Debemos tener bien en claro si nuestro producto o servicio genera un valor agregado para el cliente y de qué forma lo hace: si es brindando un servicio eficaz, si es un producto innovador, o si, acaso, se trata de una nueva manera de hacer las cosas.

c) *¿Quiénes son mis clientes?*
Sabemos que no podemos agradarles a todos, y también que nuestro producto o servicio no es para todo el mundo. Tenemos un segmento. De manera que, lo importante, es descubrir quiénes son esos posibles clientes. Si son hombres o mujeres, adultos o niños. Qué estilo de vida poseen, a qué zona geográfica pertenecen.

Conocer esto nos permitirá enfocar bien nuestros recursos y no gastarlos en vano.

d) *¿Cuál es la factibilidad de implementación de la idea?*
Esta pregunta es sumamente importante: ¿es factible mi

idea? ¿En qué medida lo es? Debemos analizar si realmente la idea es viable. Si puede ser implementada tanto a nivel de recursos como a nivel económico, y, tal vez, si es el momento adecuado.

e) *¿Cuál será el mecanismo de generación de ingresos?*

Es vital obtener esta respuesta, pues cuando el negocio ya está funcionando, los ingresos, de algún modo, están naturalizados. Pero al comenzar, cuando el negocio es solo una idea, tenerlo presente será de gran ayuda. Sabremos de antemano adónde enfocar nuestros recursos para generar esos ingresos, que son los que, al fin y al cabo, mantendrán el negocio en funcionamiento.

Caso de negocio

Cuanto más sepamos de nuestro negocio, mayor provecho le sacaremos. Por eso, el Caso de negocio es una herramienta fundamental. Allí expondremos sus necesidades y el análisis utilizado para justificar que el proyecto las cubrirá. Debe ser un texto conciso, simple y estructurado. De no más de ocho páginas y no menos de cinco.

Para realizar un Caso de negocio exitoso es aconsejable tener en cuenta estos cinco componentes:

1. Explicar y justificar por qué el proyecto debe llevarse a cabo.
2. Describir el planteamiento del problema y la meta. Es decir: cuál es el problema o la necesidad que cubriría y cómo lo haría. Estos objetivos deben ser claros, concisos y representados en términos medibles.
3. Determinar el alcance del proyecto. Debemos ser capaces de exponer los límites del proceso, servicio o producto que necesitan ser mejorados. Por lo tanto,

aquello que esté por dentro y por fuera de los límites del proyecto debe estar bien definido.

4. Precisar los roles del equipo. Es sumamente importante conocer y definir los recursos humanos con los que contamos. Qué rol cumple cada uno. Expresar también nuestras expectativas y las responsabilidades de los implicados.

5. Precisar cuáles serán nuestros beneficios financieros. Necesitamos calcularlos (si es que los hay) en función de las mejoras que implementemos.

Si desarrollamos cada uno de estos puntos de manera adecuada, al responder por qué deberíamos llevar a cabo el proyecto, cuáles son las consecuencias de no hacerlo, qué se espera de nuestro equipo, cómo se alinea este proyecto con nuestras iniciativas y metas, podremos asegurar que nuestro proyecto va por un excelente camino.

Plan de negocio

Siguiendo la línea del ejercicio anterior, el Plan de negocio es el mapa a seguir en el futuro. Se trata de un documento escrito, de unas treinta páginas, que incluye básicamente los objetivos de tu empresa, las estrategias para conseguirlos y la estructura organizacional, así como el monto de inversión requerido para financiarlo. Además, claro, de las soluciones para futuros problemas que pudieran surgir tanto dentro como fuera de la empresa.

Es una guía donde se verán reflejados varios aspectos clave, como por ejemplo: definición del concepto, qué producto o servicio se ofrece, a qué público está dirigida la oferta y quiénes son los competidores que existen en el mercado.

Es importante, también, incluir el cálculo preciso de los recursos necesarios para iniciar las operaciones; cómo se invertirán dichos recursos y cuál es el margen de utilidad que se busca obtener.

Creatividad y toma de decisiones

La toma de decisiones es algo que utilizamos cotidianamente en todos los ámbitos de nuestras vidas. Aunque no tomemos conciencia de ello, solemos enfrentarnos a diferentes alternativas que nos brindan la solución a un problema determinado, o bien nos causan otros.

Una toma de decisión adecuada nos permite tener el control sobre nuestras vidas, y nos evita la frustración que sufrimos cuando estamos indecisos y no tenemos el coraje de actuar.

Podemos decir, entonces, que la toma de decisiones es el proceso a través del cual se escoge un curso de acción con un cierto grado de incertidumbre como respuesta a un problema que surge, generalmente, por las discrepancias que existen entre las condiciones del medio ambiente y las metas de la persona.

De manera que, para poder tomar decisiones de forma acertada, es indispensable planificar y organizar nuestras ideas buscando poner en práctica nuestra creatividad para romper con los esquemas tradicionales y, de este modo, solucionar problemas desde una óptica innovadora.

El proceso creativo es un paso previo en la solución de problemas. Se trata de un proceso de maduración de ideas que luego se resolverá de dos maneras posibles: una creativa y otra racional.

Las alternativas de solución dependerán de la naturaleza del problema y de la persona que tome la decisión, su afinidad al riesgo y el entorno social que posea.

El siguiente gráfico expresa muy bien cuáles son los factores que influyen en la toma de decisiones:

Factores que influyen en la toma de decisiones

Intuición

Manejo de la
incertidumbre

Valores

Decisiones
creativas

Tolerancia
al riesgo

Inteligencia
cognitiva

Acceso a la
información

Inteligencia
emocional

A continuación se presentan las actividades que forman parte del proceso de solución de problemas.

1. Definir el problema

Antes que nada, es realmente muy importante la identificación del problema para evitar que se confunda con las situaciones colaterales. Luego, definirlo y diagnosticarlo.

2. Analizar el problema

Después de haber identificado el problema, se procede a desglosar sus componentes a fin de determinar posibles alternativas de solución.

3. Evaluar las alternativas

Una vez determinadas las alternativas de solución, debemos evaluar las ventajas y desventajas de cada una de ellas, así como los recursos de acción posibles que puedan tomarse. La creatividad es la que permitirá expandir la cantidad de alternativas. Cuantas más alternativas se desarrollen, mejores decisiones podremos tomar.

4. Implementar la decisión

En este último paso debemos seleccionar la solución más acertada. Es decir, la que asuma el menor riesgo, para luego desarrollar las actividades que vayan encaminadas a ponerla en práctica. Recuerda que tu decisión no significa nada si no la pones en acción.

Las decisiones son el núcleo del éxito. En los momentos críticos es fundamental aplicar un método eficiente y persistente.

Para ello, existen numerosas técnicas que pueden favorecer y cultivar una toma de decisiones eficiente. Herbert Moskowitz y Gordon P. Wright[3] consideran que para encontrar nuevas vías de solución hay que recurrir a dos estrategias fundamentales:

- Convertir lo extraño en algo conocido o familiar.
- Transformar lo conocido en algo extraño, algo sorprendente.

Al analizar el enfoque de dichos autores, se observa que, para abandonar los caminos trillados, es importante ser flexible y desarrollar la capacidad de pensar imaginativamente para invertir esfuerzo y dedicación en comprender, y por consiguiente dominar, cómo tomar buenas decisiones.

La experiencia en la toma de decisiones

Siempre debe tenerse en cuenta que cada persona afronta la resolución de problemas de manera distinta, basándose siempre en su experiencia e historia de vida.

---

3. Herbert Moskowitz y Gordon P. Wright: *Operation Research Techniques for Management.* Prentice Hall, Englewood Cliffs, New Jersey, 1979.

En la toma de decisiones personales, la experiencia es un mecanismo clave, pues permite discriminar y analizar situaciones pasadas. Es decir, la experiencia brinda elementos para diferenciar entre situaciones bien o mal estructuradas. Además de infundir seguridad, serenidad y cautela.

Claro que la acumulación de experiencia es larga y costosa. Si consideramos que cuando más se aprende es como consecuencia de los propios errores, el alcanzar un elevado nivel de experiencia en el mundo empresarial puede llegar a tener un coste terriblemente alto.

La consecuencia inmediata es que, a pesar de que pudiera derivar de una situación errónea, toda experiencia que pueda obtenerse será bien recibida, inclusive cualquiera fuera su costo desde el punto de vista económico.

Test de toma de decisiones

Este test te ayudará a saber si eres inseguro, impulsivo o si te tienes confianza cuando se trata de tomar una decisión.

1. Cuando debo tomar una decisión...
   a. Analizo los factores involucrados y la tomo.
   b. La tengo en la cabeza dándole vueltas sin llegar a decidirme.
   c. Me pierdo más de lo que me gustaría en las opciones posibles hasta que al final me decido.

2. ¿Qué piensas acerca de tu capacidad para resolver problemas?
   a. No confío en ella en absoluto.
   b. Creo que soy bastante competente.
   c. Dejo bastante que desear, pero con lo que tengo me sirve.

3. **Cuando debes tomar una decisión, ¿qué importancia les das a las emociones o a las "corazonadas"?**
   a. Las tengo tan en cuenta como a la razón.
   b. A veces las atiendo, pero pocas veces; mejor es ir a lo seguro.
   c. Ninguna, ¡cualquiera se arriesga!

4. **¿Con qué frecuencia cambias tu opinión cuando los demás no están de acuerdo contigo?**
   a. Casi nunca.
   b. Casi siempre.
   c. Algunas veces.

5. **¿Qué sientes cuando debes asumir un riesgo?**
   a. Cierta inquietud o ansiedad que hace que lo viva como un reto o desafío.
   b. Un miedo que me bloquea; por eso acabo no asumiéndolo.
   c. Inseguridad; lo paso mal y por eso a veces no lo asumo.

6. **¿En qué medida sueles pensar que es mejor tener al lado a gente más fuerte que tú para que te ayude a afrontar la adversidad en tu vida?**
   a. Pienso poco así; mi mejor aliado soy yo mismo.
   b. En algunas ocasiones me da confianza saber que tengo al lado a gente más fuerte que yo.
   c. Siempre prefiero tener al lado a alguien más fuerte que yo por lo que pueda ocurrir.

7. **Cuando vas de compras y hay dos productos que te convencen…**
   a. Me cuesta muchísimo decidirme, y aun después de haberme decidido por uno le doy muchas vueltas.
   b. Me cuesta mucho decidirme, pero cuando lo hago ya me quedo tranquilo.

c. Repaso de forma general las características de cada uno y me quedo con el que más me convence.

8. En tu trabajo, antes de entregar o dar por finalizado algo importante...

a. Le doy un repaso general y lo entrego.

b. Lo reviso de forma exhaustiva durante un buen rato.

c. Pido a algún compañero que me lo revise después de haberlo revisado yo mismo.

9. ¿Qué refrán o comentario va más contigo?

a. La precaución guarda la viña.

b. Quien no se arriesga no cruza el puente.

c. Más vale pájaro en mano que ciento volando.

10. Si tu pareja o una persona significativa para ti no están de acuerdo con una decisión que has tomado...

a. La cambio, pues seguro que él/ella sabe más que yo.

b. Sigo adelante con mi decisión, pero le doy muchas vueltas.

c. A no ser que me expliquen bien el porqué, la mantengo, pues más sabré yo sobre lo que me interesa que él/ella.

11. Cuando debes expresar tu opinión, ¿cómo empiezas las frases?

a. Desde mi punto de vista, en mi opinión...

b. No estoy seguro pero... Tal vez sea lo que tú dices pero...

c. Creo que...

12. ¿Con qué frecuencia, en tu vida, el hecho de no haber tomado una decisión o haber elegido algo te ha supuesto un problema?

a. En muchas ocasiones; siento que pierdo todos los trenes.
b. Afortunadamente, muy pocas veces me arrepiento de no haber hecho algo.
c. Más veces de lo que quisiera, es algo que tengo que cambiar.

PUNTAJE

Suma los puntos obtenidos en el test anterior para comprobar tu nivel de toma de decisiones:

Preguntas	A	B	C
1	0	2	1
2	2	0	1
3	0	1	2
4	0	2	1
5	0	2	1
6	0	1	2
7	2	1	0
8	0	1	2
9	1	0	2
10	2	1	0
11	0	2	1
12	2	0	1

RESULTADOS

0-8 puntos. Seguro al tomar decisiones

Confías en tu capacidad para tomar decisiones, por lo que actúas de una manera bastante segura. Esto está muy bien, pero ten cuidado de no ser demasiado impulsivo en algunas circunstancias.

8-16 puntos. Inseguridad para decidir en su punto justo

Prefieres tomarte tu tiempo antes de tomar una decisión. Esta actitud te ayudará a evitar posibles errores, pero ten cuidado con no recrearte demasiado en las posibles alternativas sin llegar a tomar nunca la decisión.

16-24 puntos. Muy inseguro al tomar decisiones

Tu grado de inseguridad te bloquea, y eso puede ser más problemático que confundirte. No tengas miedo a cometer errores; de ellos se aprende, y solo a partir de superarlos conseguirás ganar confianza.

Capítulo 3

LA GÉNESIS DE LAS PASIONES

El arte de vivir es sacrificar una
pasión baja por otra más elevada.
François Mauriac

Grandes filósofos y pensadores han dedicado tiempo y escritos al tema de las pasiones: Aristóteles, Platón, Santo Tomás de Aquino, por nombrar algunos pocos. Sin embargo, fue Descartes quien valoró las pasiones, y les encontró su utilidad. Fue él quien desarrolló la idea de que el deseo es una pasión, y le concedió a la imaginación un gran papel como motor de ella.

Desde luego, autores más próximos, como Spinoza, por ejemplo, contradiciendo lo que decía Descartes, consideraron que las pasiones se originan a partir del deseo. En su libro *Ética demostrada según el orden geométrico*, Spinoza[4] afirma que las pasiones primigenias surgen a partir del deseo no consciente (*conatus*) y le da un fuerte significado a la imaginación al decir que desear siempre es imaginar.

Entonces, ya sea que estés de acuerdo con Descartes o con Spinoza, las pasiones tienen su origen en el deseo de alcanzar una vida más feliz. Y ese es el deseo que induce a la acción.

Si bien podemos afirmar que las personas exitosas son apasionadas, existe un conjunto de características que las convierten en dueñas de sus pasiones. A saber:

---

4. Baruj Spinoza: *Ética demostrada según el orden geométrico*. Trotta, Madrid, 2009.

- **Tienen mentalidad ganadora**

Las personas apasionadas miran más allá de sus posibilidades inmediatas. Adelantan su próximo movimiento borrándole los límites al futuro. Siempre miran lo que pueden ser en lugar de lo que son. Siempre tienen algo que esperar, y eso es lo que los motiva a que ocurra.

- **Son emocionales**

Tienen el impulso y el ímpetu de dedicarles su tiempo a sus pasiones. Y eso es lo que las convierte en personas que, a través de la emoción, se conectan con lo que hacen y así obtienen mayores beneficios.

- **Son arriesgadas**

Pues al tener una idea clara de cuál es su propósito en la vida están mucho más dispuestas a asumir riesgos, aunque eso implique renunciar a cosas que no están dentro del ámbito de sus pasiones. Para ellas, la tensión provocada por un posible fracaso es la que las motiva hacia el éxito.

- **Se centralizan en sus pasiones**

Decir que prácticamente están obsesionadas (saludablemente) con sus pasiones no es exagerado. Pues su mundo se mueve sobre la base de aquello que aman.

Tipos de personas apasionadas

Bárbara Sher, en su libro *Refuse to Choose*[5], afirma que dentro del grupo de apasionados existe un conjunto de personas que pueden desarrollar sus habilidades de la forma más completa posible. A este tipo de personas las denomina "multiapasionadas".

---

5. Barbara Sher: *Refuse to Choose*. Rodale, New York, 2006.

Estas personas son las que tienen muchos *hobbies* o aficiones, y a lo largo del tiempo van pasando de un tema a otro; siempre encuentran algo nuevo que aprender.

Se las considera del tipo renacentista. A pesar de que muchas veces los demás las catalogan de inestables o inmaduras, ya que creen que deberían especializarse solo en un tema determinado.

Lo cierto es que no se limitan a la realización de solo dos o tres intereses, sino que se dedican a múltiples actividades, combinándolas entre sí de manera productiva, en el intento de alcanzar una vida equilibrada.

Cuando logran combinar la pasión con una profesión o un negocio, se convierten en emprendedores con ansias de explorar diversos proyectos. Barbara Sher dice al respecto que existen dos grupos de multiapasionados:

1. Multiapasionados cíclicos
   Son aquellos que poseen muchas pasiones, y van saltando de una a otra de manera periódica.

2. Multiapasionados secuenciales
   A diferencia de los anteriores, estos trabajan con sus pasiones de forma individual. Y cuando consideran que acaban con una, pasan a la siguiente. Es muy poco probable que regresen a alguna de sus pasiones pasadas.

> Y tú, ¿qué tipo de multiapasionado eres?

El ciclo de las pasiones

Para las personas multiapasionadas las pasiones tienen su propio ciclo de vida, el cual está dividido en cuatro etapas.

1. Descubrimiento

Es el nacimiento de una pasión nueva. Se inicia cuando la persona encuentra un tema que le resulta interesante y comienza a investigarlo. Surgen las ganas de experimentar qué se siente haciendo aquello que antes le era desconocido.

2. Crecimiento

Esta es la etapa en la que se hace todo lo necesario para lograr poner en práctica esa nueva pasión. Cursos, talleres, libros, documentales; todo es pasible de ser utilizado para la formación que forjará los cimientos de esa nueva pasión.

3. Despliegue

Aquí, en esta etapa, todo lo aprendido en la instancia anterior se pone en juego. Es el momento de sentirse feliz de poder desplegar todos aquellos conocimientos adquiridos antes. Es el momento de dar rienda suelta a la pasión.

4. Declive

En esta última instancia, el espíritu inquieto siente que ya ha volcado todo lo aprendido y que, en esa materia, no le queda nada por aprender. Se pierde el interés. Queda un lugar vacío que pronto será ocupado con una nueva pasión, renovando el ciclo.

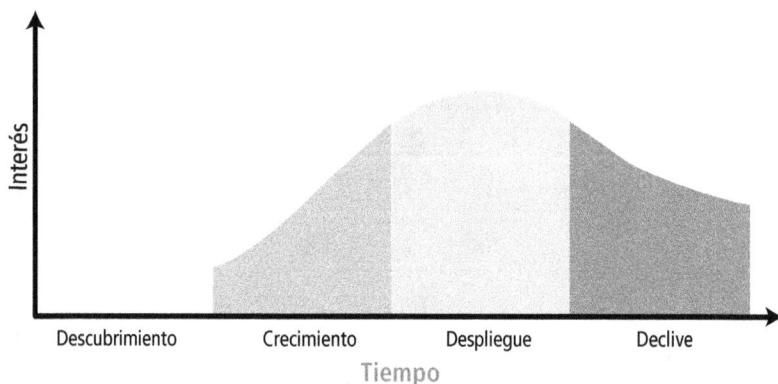

El test de la pasión

Elaborado por Janet Bray Attwood y Chris Attwood[6], el Test de la pasión es un proceso simple, que te aclarará y ayudará a identificar tus cinco pasiones. Es decir, lograrás definir tus prioridades y a determinar qué es lo realmente importante para ti para que, finalmente, puedas dar el primer paso hacia tu vida ideal.

Dicho test consta de tres partes basadas en la siguiente fórmula: **intención**, **atención**, **distensión**. Así lo explica Janet Attwood en su libro:

La **intención** se basa y nutre en la afirmación consciente de aquello que eliges crear para que se manifieste en tu vida.

La **atención** hacia aquello que eliges crear en tu vida es primordial para que pronto haga su aparición.

La **distensión** es el estado fundamental para lograr la apertura y flexibilidad de pensamiento necesarias para evolucionar, mutar y afrontar los cambios.

Veamos ahora las pautas para el test.

El test debe hacerse en un lugar tranquilo, a solas y sin distracciones. No te tomará más de 20 o 30 minutos.

Recuerda no confundir las pasiones con los objetivos. Una pasión es un modo de vida, en tanto que un objetivo es un resultado. Por ejemplo: tu pasión puede ser la música, pero tu objetivo podría ser lograr grabar un disco que tenga éxito en tu primer año de carrera.

¡Manos a la obra!

Primera parte

La primera parte del test consiste en elaborar un listado de tus pasiones. Es decir, plasmar por escrito las cosas que

---

6. Janet Bray Attwood y Chris Attwood: *El test de la pasión*. Norma, Bogotá, 2008.

más te gustan y que para ti son sinónimo de bienestar y de felicidad. Sueña, deja volar la mente.

Para redactarlo satisfactoriamente puedes empezar diciendo: "mi vida es perfecta porque estoy...", o bien "mi vida es perfecta porque soy...". Lo importante es tener en cuenta que hables de ella en tiempo presente, y tengas en mente todo lo que conforma esa vida ideal en detalle: trabajo, familia, amigos, pareja, gustos, etcétera.

Segunda parte

¡Muy bien! Ya tienes tu listado de pasiones. Ahora debes ponerte firme y reducirlo a solo cinco de ellas. Suena difícil, pero no es imposible. Para lograrlo, ordénalas según la prioridad que les asignes en tu vida. Compara, por ejemplo, la primera con la segunda, la tercera con la cuarta; hasta que finalmente logres obtener las cinco pasiones finales.

Tercera parte

Esta tercera parte consiste en generar hábitos positivos. Encontrar cinco o seis acciones concretas dirigidas a cada una de tus pasiones elegidas con el fin de ponerte en sintonía con ellas. Y cada vez que tomes una decisión, comprueba si es coherente o no con tus pasiones.

Lo interesante de alinearse con las pasiones no radica solo en lograr alcanzar aquellos objetivos que te has propuesto obtener con ellas, sino en el disfrute que proporciona transitarlas y convertirte en una mejor versión de ti mismo.

La cita a ciegas

Seguimos avanzando en el camino hacia tus sueños. En este caso, con La cita a ciegas, un estimulante ejercicio que consiste en imaginar que vas a encontrarte con una persona que no conoces, y a la que tienes que contarle cómo eres tú. Simplemente siéntate frente a esa persona imaginaria y háblale de ti.

Como en el ejercicio anterior, procura quedarte a solas en un lugar privado y apela a tu mayor honestidad. Nadie te juzgará ni te criticará. Es un momento para ti y para la verdad.

Si quieres, puedes tomar lápiz y papel, o bien escribir en tu computadora o grabarte con tu cámara. Incluso hablar al aire y dejar que a las palabras se las lleve el viento. Desde luego, dejarlo registrado te servirá para volver a ello después de un tiempo, desde otro punto de vista, y así descubrir cosas nuevas sobre ti. Lo importante es que te sientas a gusto.

Pasión y visión

Hay quien dice que soñar es crear. Y no se equivoca. Cuando te preparas para el éxito, lo primero que necesitas es crear una **visión** de aquello que te apasiona. Pues una visión de vida es una fuerza motivadora que actúa como un norte hacia el que te diriges sin dudar.

Dicha fuerza refleja nuestras aspiraciones y nuestros deseos más profundos, y nos empuja más allá de nuestros propios límites, haciendo que las dificultades se vean como oportunidades.

Consiste en ver el futuro a través de una perspectiva a largo plazo. Si fueses un arquitecto, tus sueños serían la maqueta de ese rascacielos a construir. Para decirlo de otro modo, consiste en caminar mirando el horizonte y no mirándose los pies.

La visión de vida se basa en cuatro pilares: cómo soy y cómo quiero ser; mi vida personal, familiar y social; mi motivación por aprender cosas nuevas para seguir creciendo en lo que me apasiona, y, por supuesto, conseguir aquellas aspiraciones propuestas.

> ¿Cuál es tu visión?

Cómo crear una declaración de visión

Toda visión tiene las siguientes cualidades:

- Capta un sueño.
- Es concisa y flexible.
- Inspira a otros e impulsa a la acción.
- Es positiva y alentadora.
- Define un futuro realista, creíble y atractivo.

Ten en cuenta que el ingrediente fundamental para poder crear una visión personal es la claridad. Ella te dará confianza para determinar qué visión de futuro quieres crear, qué visión de vida quieres vivir, cuál es tu visión de posibilidades y potencialidades y cuál es la visión del mundo que te rodeará, basado en tu pasión.

Debes preguntarte cuál es tu sueño, qué deseas cambiar. Cuáles son tus valores. Qué tipo de entorno te gustaría crear y cuáles son tus principales obstáculos para lograrlo. Pregúntate también en qué eres fuerte y en qué eres débil, y en cuánto tiempo crees que lo puedes lograr.

Visión y actitud

Ser una persona visionaria, una preocupada o bien una soñadora no es lo mismo. Aunque los tres casos coinciden en algo: consisten simplemente en actitudes ante la vida. Así que depende de ti. Pues lo que debes cambiar es el hábito de ver las situaciones de tu vida con miedo a fallar, a perder todo lo que tienes si te sales de tu sueño dorado.

Por ejemplo: la persona visionaria es aquella que parada en el *aquí y ahora* proyecta lo que quiere en el *mañana*. Tal como si fuese una película: cómo y cuándo lo quiere, y con quién. Incluye también aquellas emociones de bienestar que sentirá al lograrlo. Casi literalmente, vive ahora lo que quiere para mañana. Se compromete con eso, se focaliza.

En cambio, la persona soñadora es aquella que vive de fantasías, de deseos, pero nunca llega a esforzarse por alcanzar aquello que quiere.

Podríamos decir, por último, que la persona preocupada es la antítesis de la persona visionaria. Imagina, piensa, sueña, pero se concentra solo en lo que no puede hacer. Y acaba por prepararse mentalmente para lo negativo. Pone todas sus fuerzas en ello. De este modo, practica el fracaso, ya que lo único que ve son sus miedos, dramas y problemas. Visualiza aquello en lo que va a fracasar; se imagina fracasando, vive *ahora* la película de su propio drama futuro y simplemente se dirige hacia ello.

Por eso, lo primero que debes hacer para poder desarrollar tu visión es verte a ti mismo como si te miraras en un espejo y preguntarte a quién ves: ¿ves a una persona exitosa, convencida y comprometida, que quiere accionar con coraje? ¿Ves a alguien preocupado, lleno de miedos, dudas y excusas que justifican sus actos? ¿Ves, acaso, a una persona que naufraga en un océano de sueños y se queda atrapada allí, sin cumplirlos?

Si quieres dejar de vivir en la monotonía y comenzar a ser una persona que vive sus sueños y disfruta de lo que hace, tienes que ver a alguien que puede vivir su vida dando lo mejor de sí mismo. Con un deseo constante de aprender y de pensar positivamente.

> Tú, ¿qué tipo de persona eres?

El círculo de la visión de vida

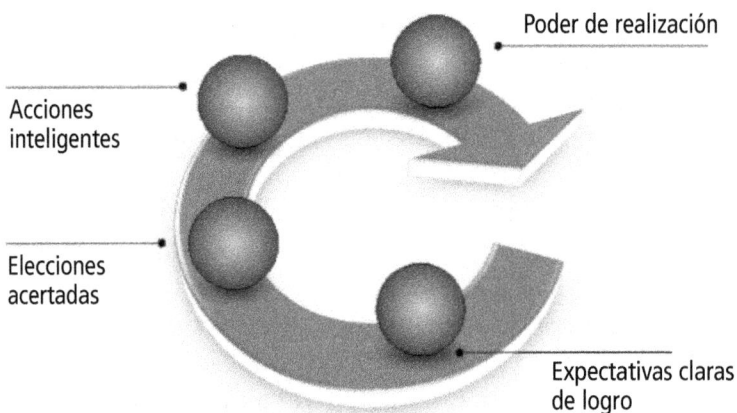

Te preguntarás: ¿qué es el Círculo de la visión de vida? Muy bien, para comprenderlo, podemos apreciar los elementos que componen el siguiente gráfico:

El círculo de la visión

Poder de realización

Acciones inteligentes

Elecciones acertadas

Expectativas claras de logro

Lo primero que debemos tener en cuenta es que el Círculo de la visión de vida no es algo estático, sino que se halla en continuo movimiento. Evoluciona contrayéndose o expandiéndose de acuerdo con nuestras elecciones y acciones. Partimos de pensamientos positivos que, al hacerse habituales, se transforman en **expectativas claras** acerca de aquello que queremos lograr. La claridad es la encargada de lograr el objetivo final.

En esta etapa, a lo tangible se le agregan detalles para convertir la pasión en algo muy claro para todos. Aquí se pasa de la visualización creativa al concepto del deseo: ¿cuándo lo quiero?, ¿con quién debo o quiero hacerlo?, ¿cuánto tiempo me llevará?, ¿quién se beneficia?

Se comienza, entonces, a **elegir adecuadamente** hacia dónde dirigirse para salir de la zona de confort y preguntarse "cómo lo lograré". Entran en juego la imaginación y la creatividad para promover acciones alineadas con la pasión: las **acciones inteligentes**; y se desarrolla una serie de objetivos para lograr alcanzar el sueño.

Es el momento, además, de observar y analizar si con dichas acciones estamos logrando los resultados que esperábamos. Puede suceder que algo no haya quedado claro y, por lo tanto, los resultados no se estén dirigiendo hacia los objetivos buscados.

Es el momento de barajar y dar de nuevo. Dar un paso hacia atrás y, si todo está claro, volver a avanzar.

Es bueno saber que un elemento claro son los detalles. Nada es neutral, todo cuenta, todo sirve. Hay que ser realmente muy insistente, y casi obsesivo, con los detalles.

Llega, por último, el **poder de realización**. Él promueve una cadena de reacciones que permite expandir la ola de resultados positivos y abrir las puertas a mayores expectativas.

Es realmente importante medir la relación que existe entre el nivel de deseo de logro y el poder de hacerlo realidad. Es momento de preguntarse: ¿cuento con la energía mental y física para hacer lo que sea necesario a fin de convertir el sueño en realidad? ¿Está este sueño alineado con mi misión personal? ¿Cumple con mi propósito? ¿Tengo la actitud positiva y el entusiasmo para afrontar los tiempos difíciles que seguramente encontraré? ¿Poseo la habilidad necesaria para transformar el sueño en una serie de objetivos claros?

Recuerda que nada se hace sin determinación. Y que para darle un cierre al círculo es necesario basarse en nuestro poder personal: partir de la visión que tenemos de nuestro sueño y plasmarla en una misión.

Misión personal

Es el momento de desarrollar la motivación para evitar que el paso acelerado de la vida nos deje atrapados en una sensación de vacío, al sentir que no tenemos control sobre lo que hacemos ni de hacia dónde vamos.

Para avanzar en la construcción de una vida adecuada, hay que identificar el objetivo de vida o misión personal, pues este constituye el primer paso en el establecimiento de metas. Brinda un marco dentro del cual trabajar para alcanzar dicho propósito.

Elegir los objetivos al azar, sin una misión que actúe como guía, es como hacer un nuevo plato de cocina sin conocer ni la receta ni los ingredientes; es muy probable que terminemos cocinando otra cosa, y hasta que olvidemos cuál era el plato.

La misión personal, por lo tanto, es la forma en que expresamos nuestra visión, traducida en elementos más concretos. Por lo tanto, en ella escribiremos aquello que queramos que se vaya materializando en nuestra vida. Dicho de otra manera: es una afirmación futura hecha en tiempo presente que describe lo que estamos buscando y el porqué.

Se orienta a la obtención de resultados, refleja nuestros valores y establece objetivos a los cuales apuntar. Es flexible porque debe adaptarse a los cambios.

El doctor Stephen Covey[7], autor de *Los 7 hábitos de la gente altamente efectiva*, define a la declaración de misión como:

---

7. Stephen Covey: *Los 7 hábitos de la gente altamente efectiva*. Paidós, Barcelona, 1989.

"Una filosofía que resume lo que deseas ser, lo que quieres hacer y los principios con base en lo que vives".

Todos tenemos una misión personal. Una forma clara de conocerla es responder con sinceridad a los siguientes interrogantes:

- ¿Quién soy?

Para legitimar mi identidad.

- ¿Qué busco?

Para determinar el propósito.

- ¿Qué hago?

Para exponer mis motivaciones.

- ¿Por qué lo hago?

Para exponer mis valores y principios.

- ¿Para qué lo hago?

Para determinar a quiénes beneficio.

En suma: hacer una declaración categórica sobre cuál es nuestro propósito y a qué vamos a dedicar nuestra vida.

El poder de los objetivos claros

El siguiente paso, tras la misión personal, será conocer las áreas de responsabilidad y, por ende, la fijación de objetivos. Por lo tanto, en la definición de misión personal es imprescindible que podamos observar de forma fácil y ordenada las distintas áreas de la vida con las que podemos identificarnos.

En primer lugar, deberemos tener la capacidad de discernir si los objetivos que nos estamos planteando son lo suficientemente válidos como para esforzarnos en cumplirlos.

En segundo lugar, tendremos que estar seguros de que esos objetivos están alineados con nuestros valores centrales, ya que estos son la base de todos nuestros actos.

Trazar, por lo tanto, objetivos concretos a largo plazo con escalas breves e intermedias es el eslabón final para que tu misión personal resulte satisfactoria.

Ya sea que decidas cambiar de trabajo, estudiar otra carrera, emprender un nuevo negocio, vivir en el extranjero, o lo que fuere, el logro de los diversos objetivos será lo que determinará el éxito de una idea.

Para que un objetivo tenga la capacidad de poner tu mente a funcionar a pleno, deberá ser lo más preciso posible. Para ello, es necesario que posea estos tres atributos.

1. Ser alcanzable.
2. Tener cierto grado de dificultad.
3. Poder ser medido.

Es decir: es muy distinto decir "quiero bajar de peso" que decir "en el próximo mes quiero bajar dos kilos". Lo primero es muy difuso y no implica ningún compromiso de tu parte. Mientras que lo segundo es totalmente diferente por lo claro y detallado del objetivo.

Recuerda: sin objetivos claros es muy fácil caer en la confusión y el desequilibrio, y, por lo tanto, en la frustración.

Si nuestros objetivos son claros, si establecemos prioridades y no pretendemos cumplirlos todos a la vez, empezaremos a experimentar una sensación de plenitud que potenciará nuestro desempeño en cada una de las diferentes facetas de nuestra vida.

Una vez que comienzas a conquistar tus objetivos, estos reafirman y refuerzan tus ganas de seguir adelante. Generan, al mismo tiempo, la necesidad de estar cada vez más cerca de aquello que te apasiona.

¿Estás listo?

Capítulo 4

LAS REGLAS
DE JUEGO DE LAS PASIONES

Pensar es fácil, hacer es difícil,
y convertir los pensamientos en acción es
la cosa más difícil del mundo.
Johann Wolfgang von Goethe

El potencial de realización personal existe en todas las personas. Tenemos una capacidad ilimitada de imaginar, crear y lograr todo aquello que deseamos, y todo comienza con nuestra mente. Cambiar la mentalidad para transformar la manera de responder a las circunstancias y hacerse cargo de las oportunidades es uno de los mayores desafíos que tienes por delante.

La mentalidad ganadora

La mente es un órgano que puede moldearse de manera permanente, puede crecer, fortalecerse o debilitarse con los hábitos y pensamientos que tengamos. Por eso, el modo en que vemos las cosas constituye un factor determinante en cada uno de nosotros en relación con el alcance de objetivos.

Para desarrollar aquello que te apasiona debes comenzar en tu interior, ya que los resultados y la calidad de vida que tengas dependerán de la calidad de tu mentalidad.

Es pertinente aclarar que cuando hablamos de mentalidad nos estamos refiriendo a todo lo que trabaja en nuestro cerebro; combinado lo que vemos, lo que pensamos y lo que creemos.

En su libro *Mindset* la profesora Carol Dweck[8] afirma que existen dos grandes grupos de mentalidades:

- **La mentalidad fija**

A la *mentalidad fija* podemos llamarla también "inteligencia estática". Es el tipo de inteligencia que poseen quienes son dueños de esta mentalidad: sienten deseos de parecer inteligentes pero tienen tendencia a evitar los desafíos y a rendirse fácilmente frente a los obstáculos. Consideran el esfuerzo como algo poco fructífero. De hecho, se trata de personas propensas a criticar y a ver el éxito de los demás como algo amenazante. Es decir, son personas con una visión determinista del mundo que, generalmente, acaban logrando mucho menos de lo que su potencial les permite.

- **La mentalidad en crecimiento**

A diferencia de la mentalidad fija, la inteligencia que poseen estas personas se desarrolla de manera constante. Sienten un fuerte deseo de aprender y, en consecuencia, adoran los desafíos. Son persistentes frente a los obstáculos y ven el esfuerzo como parte indispensable del proceso de crecimiento. Aprenden de las críticas y encuentran inspiración en el éxito de los demás. Como resultado, son personas que alcanzan altos niveles de éxito.

> Tú, ¿qué tipo de mentalidad posees?

---

8. Carol S. Dweck: *Mindset: The New Psychology of Success.* Random House, New York, 2006.

Las tres llaves de la mente

En mis charlas de capacitación por lo general encuentro que los desafíos de las personas, en cuanto a su mentalidad, se concentran en tres áreas: *lo que piensan, lo que sienten* y *lo que hacen.*

- **Lo que piensan**

Los pensamientos limitantes afectan de forma directa a las creencias con respecto a la propia capacidad. Si se cambia la forma de pensar sobre uno mismo, se amplían los recursos, ya que las personas solo somos capaces de realizar aquello que creemos que podemos hacer. Por eso, el diálogo interno es la clave del control del pensamiento.

Sin embargo, la mayoría de las personas no logra obtener los resultados que desea porque se aferran a una mirada exterior y, por lo tanto, su manera de ver el mundo no es la adecuada.

Hacerse cargo de lo que uno piensa implica tomar las decisiones correctas y dejar de lado el miedo al éxito o al fracaso. Elegir qué pensar es incluso una decisión, pues la decisión de un pensamiento correcto se basa en asumir la responsabilidad de mirar nuestro mundo interior dejando de lado la postura de víctima para comenzar a ser protagonista.

Es percibir si lo que se piensa de uno mismo es lo que impulsa a la acción o lo paraliza por el miedo. Es poner el foco en el objetivo. Sencillamente, es lograr verse a uno mismo como un triunfador por hacer lo que más le gusta.

- **Lo que sienten**

Las personas poseemos dos tipos de emociones: las que nos causan placer y las que nos causan dolor. Las primeras nos dan la posibilidad de crear los sueños más profundos; las otras nos limitan, nos generan miedos y tristeza.

Por eso, cuando nos referimos a tomar contacto con lo que sentimos significa que debemos analizar cómo es nuestro discurso interno. Cuáles son las palabras clave que utilizamos y la emoción que acompaña a dichas palabras.

Basta con escuchar a una persona unos diez minutos para detectar cuáles son sus ideas predominantes: la **mentalidad en crecimiento** se refiere a oportunidades de éxito; en tanto que la **mentalidad fija** se limita a sostener ideas negativas.

Una vez que se comienza a cambiar el monólogo interno y se van sosteniendo las ideas de bienestar, es posible cambiar la conversación externa. Desde luego, generar un hábito que resulte positivo es un proceso que requiere de mucha paciencia, pero vale la pena intentarlo.

- **Lo que hacen**

Es muy sencillo: si quieres cambiar y mejorar la calidad de tu mente, y por ende obtener resultados positivos tienes que asumir la responsabilidad total de tus actos y pensamientos. Es hora de dejar de buscar culpables y justificaciones. Si actuando de la forma en que actúas no obtienes los resultados que estás buscando, pues habrá que modificar la manera de actuar.

Debes evitar autoengañarte y tener la capacidad de ser flexible, de decidir progresar, evolucionar y construir una mejora personal que traiga resultados exitosos. Y no hay otra manera de lograrlo que asumir lo que haces, observar el producto de tus acciones y desarrollar las habilidades correctas.

Por eso suele decirse que en el mundo hay tres tipos de personas: las que hacen que las cosas sucedan, las que observan lo que ha sucedido y las que se preguntan qué sucedió.

Es importante dejar de culpar a las circunstancias
y aceptar la responsabilidad personal.

Tú, ¿en qué grupo te encuentras?

Funcionalidad de la mente

Cuando decidimos hacer un planteo profundo de nuestro ser, nuestra estructura mental cambia y se abre el camino hacia la expansión de la conciencia. Ella nos permite dejar de sentirnos víctimas de la vida y pararnos sobre el poder personal que tenemos. Se trata de un proceso que no requiere de conocimientos intelectuales ni de gurúes espirituales, sino de tu propia experiencia.

Lo único que tienes que hacer es proyectarte desde un espacio libre de voces internas negativas y renunciar a todas aquellas creencias limitantes. Cuando dejamos de lamentarnos por el pasado, de quejarnos por el presente y de angustiarnos por el futuro, comienza la libertad verdadera.

Adquirir este hábito implica conseguir pequeños chispazos de alegría con cada objetivo que vayas cumpliendo, y generar el compromiso de no permitir que ni tu mente ni tu entorno desactiven tu pasión.

Una herramienta útil para cambiar nuestra estructura mental es la teoría descripta por el físico israelí Eliyahu Goldratt[9], llamada 'Teoría de las restricciones". Esta teoría es un conjunto de procesos de pensamiento que utilizan la lógica de "causa y efecto" para entender lo que sucede y así encontrar maneras de mejorar a partir de una meta clara.

Si bien la teoría fue desarrollada para medir la productividad de las empresas, es posible utilizar sus conceptos básicos para que las personas puedan gerenciar sus propias vidas.

En ella, Goldratt afirma que "toda organización es creada para lograr una meta. Si queremos alcanzar esa meta, debemos estar conscientes de que los logros obtenidos fueron determinados por las restricciones que actúan sobre la empresa. Ya que, si no existieran restricciones, los logros obtenidos serían infinitos".

---

9. Eliyahu M. Goldratt: *La meta.* Granica, Buenos Aires, 2014.

Por eso, para lograr nuestras metas, debemos identificar las restricciones, a las cuales Goldratt llama "cuellos de botella", ya que reducen nuestras posibilidades de éxito debido a factores diversos.

La teoría se divide en tres procesos.

1. Procesos de pensamiento

Para poder encarar un proceso de pensamiento fructífero es necesario responder de forma lógica y sistemática a tres interrogantes: ¿qué cambiar?, ¿hacia dónde cambiar?, ¿cómo generar el cambio?

2. Procesos de mejoras de habilidades

Mejorar las habilidades es indispensable. Y saber qué habilidades mejorar acorta mucho el camino. Por eso, es vital centrarse en mejorar la comunicación, en combatir la resistencia al cambio y en comprender el manejo de los conflictos internos.

3. Creaciones de soluciones innovadoras

Como ya dijimos, la creatividad es un aliado más que necesario en este camino; por eso, debemos salir de la acción sistemática y mecánica, utilizando todo nuestro potencial creativo, sobre la base de los procesos de pensamientos positivos.

En otras palabras, podemos expresar dicha teoría de la siguiente manera:

La meta

Ser feliz siguiendo mis pasiones.

¿Qué debo cambiar?

Todo cambio comienza desde adentro. Una mariposa nace de las entrañas de una oruga; rompe su piel, y con gran dolor y esfuerzo, al cabo de un tiempo, despliega sus alas coloridas y se lanza a volar. Con los seres humanos sucede lo mismo. Nuestros cambios comienzan en nuestro interior. Es decir, se parte de los aspectos emocionales, psicológicos e intelectuales para llegar a la libertad y el bienestar requeridos.

Por eso, es fundamental concentrarse en fortalecer nuestras conductas de autoconocimiento, así como la autoestima y la autorrealización. Al mismo tiempo debemos potenciar la creatividad y la profundización en aquellos aspectos que nos apasionan, para enriquecer nuestro nivel cultural e intelectual.

¿Hacia dónde cambiar?

No solo se trata de cambiar, también se trata de saber hacia qué mutamos, elegir el camino que queremos seguir. Debemos tener una brújula que oriente nuestro proceso de mejora continua. Crear, por supuesto, indicadores que sirvan para ir monitoreando nuestros logros y objetivos.

Esto implica establecer un plan que te permita adoptar nuevos hábitos que lleven a ir modificando las actitudes. Para ello, es muy importante comenzar a pensar en términos de resultados. Consiste en tener un objetivo a alcanzar, una misión que cumplir: un camino trazado en un mapa que está en nuestra mente.

Pensar en términos de objetivos te permitirá comprender que cada meta que te propongas tiene que llevarte hasta el objetivo final. Es el mecanismo que convierte cada objetivo en una señal que te hará seguir adelante, si estás seguro de que te encuentras en el camino correcto, o bien te indicará que estás equivocando la ruta.

Por eso, para tener éxito, es necesario observar el producto de cada una de nuestras acciones. Y eso se logra pensando en términos de resultados.

¿Cómo generar el cambio?

Goldratt nos explica los pasos para vencer las restricciones y, de este modo, generar un verdadero cambio:

- Identificar las restricciones del sistema.
- Decidir cómo explotar las restricciones para que sean más productivas.
- Subordinar todo a la restricción anterior con el fin de obligar al resto de los recursos a funcionar al ritmo que marcan las restricciones del sistema.
- Elevar las restricciones del sistema al incorporar nuevas mentalidades.

Para aplicar lo anterior a nuestra analogía, lo primero que debemos hacer es definir las áreas en las que vamos a trabajar para lograr la meta de ser felices viviendo nuestra pasión. Y, de ese modo, identificar las restricciones que nos impiden el logro del objetivo deseado.

Una vez localizadas las restricciones, se da inicio al proceso de focalización. Es decir: explotar las restricciones para que trabajen al 100 por ciento en pos del fortalecimiento constante de las conductas positivas.

El próximo paso es lo que Goldratt denomina "subordinar". Es decir: unir como eslabones todos los recursos de nuestra actividad, con plena conciencia del objetivo y de las acciones a implementar en el proceso de mejora continua. Además, exteriorizar ante nuestra familia y nuestro entorno inmediato el propio proceso de cambio de mentalidad.

Se deben derrumbar los paradigmas mentales que nuestra familia y la sociedad, en su mayoría, establecen como conductas exitosas.

Una tabla sencilla, como la siguiente, puede ser de gran utilidad:

Área	Conducta	Restricción	Acción
Psicológica	Autoconocimiento	Guiarse por el mundo exterior	Trabajar el diálogo interno
Emocional	Flexibilidad	Tener creencias fijas	Fortalecer la autoestima
Intelectual	Formación	No capacitarse	Crecer intelectualmente

Exigencias del cambio de mentalidad

Para ser más exactos, un cambio de mentalidad significa que te comprometas con tu sueño y a ser capaz de ir más allá de simplemente proponerte aplicar el ingenio, la flexibilidad y la creatividad. Debes estar dispuesto a ser feroz y consistente en tu crecimiento y evolución.

Porque el cambio de mentalidad es el fundamento para construir un sistema de creencias que se apoye en expectativas elevadas y en pensamientos positivos.

Convertir tu mente en ganadora implica salir de tu zona de confort para ir en la búsqueda de algo más gratificante y liberador. Recuerda que para convertirse en mariposa, la oruga debe romper su propia piel y, al igual que ella, tú también debes esforzarte. Quebrar desde dentro la falsa seguridad de lo conocido para finalmente lanzarte a volar hacia tus sueños.

Y aprender a bloquear las emociones negativas consiste en otro punto en el cual trabajar. Si bien al principio podrá no parecerte auténtico, a medida que vayas aplicando técnicas de autocontrol que te permitan concentrarte en tus metas, irás identificándote con este nuevo yo interno que vayas construyendo.

Iniciar el camino rumbo a esta nueva forma de ser y de ver las cosas no es fácil, pero te ayudará a dirigir tus acciones hacia aquello que te inspira. A reconocer las adversidades y a enfrentarlas como oportunidades para realizar saltos de mentalidad cuánticos hacia el aprendizaje continuo.

Las actitudes mentales

Las actitudes son las predisposiciones que tenemos para actuar de cierta manera ante circunstancias determinadas.

Dicho de otro modo: la forma en que sueles responder ante a una situación determinada. Son el resultado de las experiencias y del aprendizaje que has obtenido a lo largo de tu historia de vida, y que contribuyen a que se manifieste una tendencia a responder de una u otra manera frente a un estímulo.

Desde luego, son flexibles y susceptibles al cambio, ya que son de naturaleza dinámica y nacen para comprender el mundo que nos rodea. Eso es lo que hace que se encuentren permanentemente abiertas a la influencia del entorno.

Lo que sucede es que no siempre podemos controlar dicho entorno. De manera que, si logramos hacer algunos ajustes a nuestra mentalidad, podremos sí tener el control de nuestras actitudes.

En suma: lo que debemos hacer es desarrollar una firme mentalidad en cada campo de nuestra vida a fin de entrenarnos en las actitudes correctas para responder en las diferentes facetas de nuestras vidas.

Debemos comprender que somos responsables de escoger nuestras propias respuestas ante lo que nos ocurre.

Con el objetivo de dirigir la acción de una manera inteligente, podemos separar la actitud en sus tres componentes principales:

84

1. Cognitivo

Está formado por nuestras ideas, pensamientos y creencias, asociadas al objeto de la actualidad.

2. Afectivo

Constituido por las emociones y sentimientos de valoración negativa o positiva acerca de algo o alguien.

3. Conductual

Está formado por las intenciones y acciones favorables o desfavorables hacia algo o alguien.

Estos tres componentes de la actitud son la base de tu éxito. Constituyen un puente entre *quien eres* y *adónde quieres llegar*. Por eso, una herramienta muy importante para lograr el cambio de mentalidad es el desarrollo de la *inteligencia actitudinal*.

Consiste en la capacidad de elegir actitudes adecuadas frente a los hechos que nos van sucediendo a diario. Nos ayuda de manera consciente a elegir actitudes orientadas a la creatividad y a la flexibilidad de pensamiento para la creación de objetivos. A elegir actitudes que nos permitan cambiar la perspectiva del observador para la resolución de problemas que el entorno nos presente. A optar, incluso, por actitudes que desarrollen el pensamiento crítico y el aprendizaje continuo, que nos permitan interpretar la realidad desde otras ópticas.

De allí surge la necesidad de aprender a distinguir cuáles son las actitudes que te paralizan y cuáles las que te predisponen a la acción.

Desde luego, el desarrollo de esta actividad implica, por un lado, la capacidad de distinguir nuestras emociones, y por otro, una predisposición al cambio. Ya que debemos adaptarnos a las circunstancias de un entorno en continuo movimiento.

De este modo, sabremos qué actitud tomar frente a cada situación, y qué elegir para nuestra vida y para la vida de quienes nos rodean.

> ¿Cuánto control tienes sobre tus actitudes?

Actitud reactiva versus proactiva

La diferencia entre una persona con actitud proactiva y una con actitud reactiva es su determinación. La primera encuentra la motivación interna para la acción, en tanto que la segunda reacciona de acuerdo con el entorno. Es decir: la primera se mueve, mientras que a la segunda la mueven.

Las personas proactivas toman un sueño y realizan todas aquellas acciones necesarias para cumplirlo. Su comportamiento está basado en función del valor de tomar la iniciativa y ser responsables de sus propias vidas. Tienen la habilidad de elegir la respuesta adecuada para las distintas situaciones que se presentan.

La proactividad consiste en el desarrollo consciente de proyectos creativos y audaces, para generar mejores oportunidades. Nos permite moldear nuestra actitud y mejorar nuestro potencial personal.

Por su lado, las personas reactivas responden al contexto. Están condicionadas de un modo particular a un estímulo concreto.

Dentro de este modelo de conducta, la realización resulta difícil. No da cabida a la autoconciencia y a la imaginación porque el control de lo que somos y lo que queremos está en manos de un tercero.

Con mucha frecuencia las personas reactivas se ven impulsadas por los sentimientos, las circunstancias o las condiciones del ambiente, por lo que adoptan una visión determinista de la realidad.

Por eso, hay que tener presente que la proactividad brinda liderazgo y autocontrol. Nos permite el cambio de actitudes hacia un modelo positivo y obtiene resultados específicos hacia lo que realmente nos apasiona.

Cuando nos enfrentamos a situaciones complejas y comprendemos que lo que en realidad nos hiere no es el hecho en sí, sino nuestra respuesta hacia él, somos capaces de elegir nuestras respuestas actitudinales y empoderarnos en pos de crear circunstancias nuevas, para finalmente actuar.

> Tú, ¿eres proactivo o reactivo?

Los círculos de la influencia y de la preocupación

Una forma de evaluar la proactividad es tomar conciencia de la forma en que invertimos nuestros tiempo y energía frente a las preocupaciones que tenemos.

Stephen Covey, en su libro *Los 7 hábitos de la gente altamente afectiva*, incluye las preocupaciones en dos círculos.

- El círculo de la preocupación

Es el que contiene todas aquellas preocupaciones sobre las cuales no tenemos control alguno.

Casualmente, las personas reactivas centran sus esfuerzos en este círculo. Su foco está en los problemas del entorno y en las circunstancias que no pueden controlar; el problema está afuera, supuestamente. Por lo tanto, siempre tienden a querer cambiar el afuera, antes que centrarse en ellos mismos.

De este modo, el círculo que contiene la energía negativa comienza a ensancharse y reduce el círculo de la influencia.

También se llena de añorados *tener*, huyéndole al *ahora*. Es decir: la persona reactiva será feliz solo cuando *tenga* una nueva novia, un nuevo auto, un nuevo empleo. Se quita valor a sí mismo y a las personas y cosas que tiene *hoy, in situ.*

- El círculo de la influencia

En cambio, el círculo de la influencia está compuesto por todas aquellas preocupaciones que sí podemos controlar. O al menos, influir en ellas.

Al contrario que en el círculo anterior, las personas proactivas se centran aquí, ya que es donde sí pueden hacer algo para alcanzar sus objetivos. Aquí tienen posibilidades de encauzar su energía positiva, lo cual agranda el círculo.

Es un enfoque que, obviamente, está basado en el *ser*, y en cambiar de adentro hacia afuera. Desarrolla la habilidad de controlar nuestras vidas y de influir poderosamente en nuestras circunstancias. Al trabajar sobre la influencia se logra que las metas se tornen alcanzables.

En suma: estaremos actuando desde nuestra libertad para decidir qué actitud tomar frente a la vida.

El círculo de la influencia como herramienta

Esta planilla te ayudará a identificar los problemas y obstáculos que en este momento bloquean tu felicidad y a disfrutar de lo que te apasiona. Complétala enumerando los obstáculos por orden de prioridades.

OBSTÁCULOS

1.

2.

3.

Luego, clasifícalos dentro del círculo de influencia que creas que le corresponde a cada uno.

Círculos de la influencia

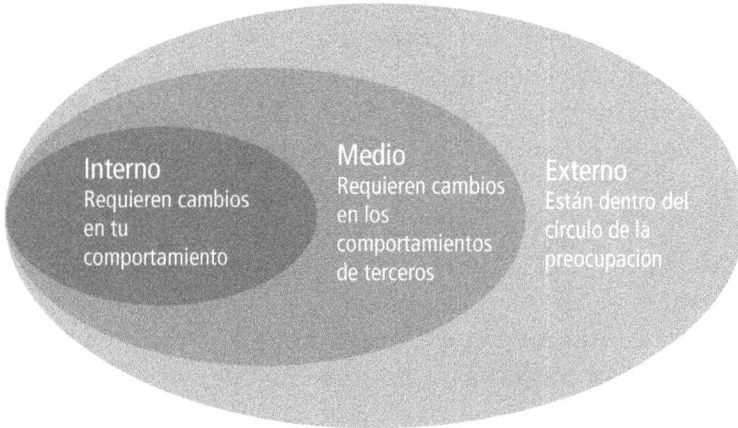

Interno
Requieren cambios en tu comportamiento

Medio
Requieren cambios en los comportamientos de terceros

Externo
Están dentro del círculo de la preocupación

Escoge una acción posible para cada problema u obstáculo que esté dentro o en medio de tus círculos de influencia que puedas llevar adelante.

Problema	Posible acción

La brecha entre el querer y el hacer

Constantemente nos encontramos invadidos por mensajes que nos dicen que podemos ser exitosos, a pesar de que, la mayoría de las veces, se nos hace difícil ver más allá de nuestras propias limitaciones y nos quedamos en el ámbito del deseo.

Todos, en alguna etapa de nuestras vidas, hemos experimentado esa brecha entre lo que queremos hacer y lo que realmente hacemos. A este estado de la mente yo lo llamo "El truco de la brecha", y es el que se produce cuando logramos menos de lo que queremos alcanzar y, mágicamente, las justificaciones aparecen afuera.

Si la distancia entre lo que queremos y lo que hacemos es demasiado grande, caemos inevitablemente en el círculo vicioso de las emociones negativas. Nos llenamos de pensamientos limitantes que no nos permiten ver la brecha, y detienen, así, nuestro progreso hacia nuestras pasiones.

Como consecuencia de ello, nos autocondenamos y nos ocultamos detrás de la creencia de que no es posible alcanzar nuestros sueños y vivir una vida plena.

Por eso, es muy importante mirar hacia nuestro interior y ser capaces de advertir si no nos encontramos de manera habitual usando este truco. Lo que veamos puede sorprendernos.

El modelo de acción

Las personas exitosas tienen algo en común: no solo hacen cosas, sino que actúan con el pensamiento puesto en la meta a alcanzar. Por lo tanto, para construir lo que somos, y así descubrir nuestra pasión en la vida, la única carta de presentación es lo que hacemos.

Si queremos cerrar la brecha entre lo que queremos y lo que hacemos, debemos entender con claridad la filosofía de la acción. Ella se fundamenta mediante estos tres elementos:

1. *El querer hacer* está determinado directamente por la fuerza de la motivación y nuestro compromiso con el resultado. Es una actitud condicionada por nuestro grado de deseo de alcanzar nuestra pasión.
2. *El poder hacer,* por su parte, está compuesto por nuestras capacidades, que a su vez se rigen por nuestras habilidades, nuestros conocimientos y por la manera en que desarrollamos nuestros talentos para crecer.
3. *El saber hacer,* pese a que de algún modo se encuentra casi por completo relacionado con el conocimiento, está íntimamente ligado a nuestro modo de visualizar un futuro mejor. Allí las aptitudes están condicionadas por la confianza y la creencia en nuestra propia capacidad de logro.

Este juego constante de regular las emociones para impulsar nuestros pensamientos hacia la acción se basa en tres pilares que componen nuestro potencial, nuestra capacidad de hacer. Estos son: el *pilar emocional,* el *pilar racional* y el *pilar psicológico.*

El primero, el emocional, implica conocernos muy bien para poder alinear nuestras habilidades hacia una meta deseada. Nos permite conectarnos con el aprendiz que llevamos dentro, al fomentar la curiosidad y la necesidad constante de saber más y más sobre aquello que nos apasiona.

El segundo, el pilar racional, es el que nos compromete con el cambio de actitud. Gestiona los procesos mentales para obtener los resultados positivos.

Por último, el pilar psicológico nos brinda la motivación necesaria para generar pensamientos y comportamientos de acuerdo con lo que queremos.

Modelo de acción

Pilar emocional

PODER HACER
Capacidad

SABER
HACER
Motivación

QUERER
HACER
Compromiso

Pilar psicológico   Pilar racional

Finalmente, hay que comprender que los tres elementos deben interactuar entre sí. No es posible *poder hacer* sin conocerse a uno mismo ni sus capacidades. Tampoco se puede *saber hacer* sin estar lo suficientemente motivado como para impulsarse a la acción. Y no se puede *querer hacer* sin estar comprometido con el cambio de actitud orientado a poner lo mejor de nosotros mismos.

De la intención a la acción

Uno de los obstáculos con los que habitualmente nos encontramos es el abismo que existe entre lo que queremos, o sea la intención, y lo que realmente hacemos, es decir, la acción. En incontables ocasiones sabemos lo que tenemos que hacer para lograr nuestros objetivos, sin embargo no lo hacemos.

Cuando esto ocurre, nos damos cuenta de que la dificultad se presenta cuando se ha perdido el eslabón entre la intención y la acción. Dicho eslabón es lo que llamamos voluntad.

Para profundizar en esa brecha entre lo que queremos y lo que hacemos, es decir, entre la intención y la acción, es útil conocer la Teoría del control de la acción creada por el psicólogo J. Kuhl[10], en la década de los ochenta, que tiene como eje la voluntad.

Teoría del control de la acción

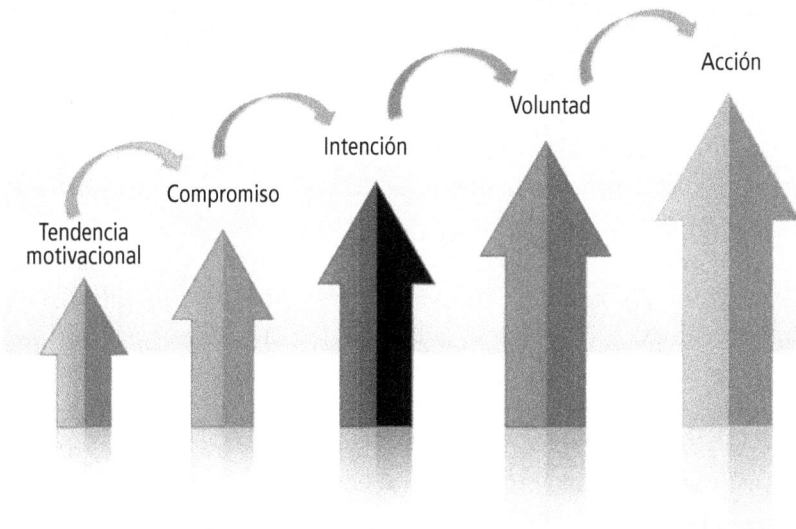

Acción

Voluntad

Intención

Compromiso

Tendencia
motivacional

De acuerdo con el esquema de Kuhl, la voluntad es la propulsora de la intención que se manifiesta en la acción. Los impulsos, deseos, expectativas, valoraciones y demás tendencias motivacionales son los determinantes del grado de compromiso con la acción, cuyo nivel más elevado se sitúa en el firme propósito de conseguir una meta.

---

10. Nicola Baumann y Julius Kuhl: "Positive Affect and Flexibility. Overcoming the Precedence of Global over Local Processing of Visual Information". *Motivation & Emotion*, Jun, Vol. 29 Issue 2, 2005.

Entre la intención y la conducta median una serie de procesos volitivos y complejos que tendrán que imponerse a diversas tendencias, tanto externas como internas.

La propuesta de Kuhl se sostiene en dos tipos de dispositivos de control de la actividad dirigida a una meta: la *orientación a la acción* (orientación al proceso) y la *orientación al resultado* (orientación al estado). Ellas se diferencian por su forma de poner en marcha todos los modelos mentales para pasar del estado actual al estado deseado.

Las personas con *orientación a la acción*, ante situaciones difíciles o de fracaso, hacen todo lo posible para activar los procesos cognitivos y emocionales necesarios para actuar hacia el logro de sus objetivos.

Por el contrario, quienes poseen una *orientación al resultado* se caracterizan porque, ante dificultades, inhiben los procesos de control volitivos y tienden a perderse en el análisis de estados pasados, presentes y futuros. Obstaculizan, de este modo, la ejecución de la intención y de los objetivos perseguidos, y dan lugar a la aparición de una preocupación excesiva que dificulta la acción y la realización de los objetivos deseados.

Al ser la intención una fuerza impulsora que conduce los planes y los objetivos hacia la acción –y por ser la que interactúa con la visión e inspira la proyección de futuro–, debemos comprender su verdadero valor en relación con nuestro crecimiento personal.

Capítulo 5

POTENCIAR LAS CREENCIAS

Como seres humanos, nuestra grandeza radica
no tanto en nuestra capacidad de rehacer el mundo,
sino de rehacernos a nosotros mismos.
Mahatma Gandhi

Nuestra percepción del mundo consiste en una combinación de creencias que, unidas a pensamientos y emociones, nos brindan una visión parcializada de la realidad, la que amenaza con ponerle límites a nuestro crecimiento.

Sucede que nuestras creencias son tan importantes en nuestras vidas que pueden condicionar, incluso, a las personas que nos rodean.

En qué consiste creer

Las creencias son mapas mentales que, de manera inconsciente, van dirigiendo tu vida y afectan al modo en que ves el mundo al asumirlas como verdades.

Constituyen afirmaciones no demostrables que solemos defender como si fueran verdades absolutas. Esa es la razón por la que pueden generar grandes beneficios para tu entorno.

Si bien las creencias les dan sentido a nuestras vidas, al determinar nuestra identidad y orientar nuestros actos, también nos pueden llevar a enfrentarnos con terceras personas, al generar rechazo y violencia.

Una creencia nace en nuestro fuero más interno; se desarrolla a partir de las propias convicciones y valores morales. Aunque también es influenciada por factores externos, como nuestra familia, nuestros amigos y todas aquellas personas con las que generamos un vínculo.

El origen de las creencias se remonta a nuestra infancia. Primero en casa, con la educación recibida de nuestros padres, y luego en la escuela. Esta es la etapa en que adoptamos las creencias de los demás y las tomamos como propias.

De este modo, las creencias se han ido formando y han ocupado un lugar en nuestra mente. Se han ido materializando dentro de nuestros significados de vida.

Por eso, revisar el fundamento de las propias creencias puede ayudarnos a madurar como personas, a evitar reproducir aquello que se nos ha impuesto en nuestra infancia y a comprender mejor las creencias de los demás. Tomar conciencia de esto nos permite ser más libres y gestionar mejor tanto nuestras vidas como las de los demás.

Si miramos el tema desde la forma en que opera nuestra mente, podemos distinguir entre la **mente consciente** y la **mente subconsciente**.

La **mente consciente** es la que se encarga de controlar nuestro pensamiento racional y lógico, a la vez que controla aquello que juzgamos y decidimos. En tanto que la **mente subconsciente** se ocupa de guardar los recuerdos de nuestras experiencias y domina el sistema de creencias. Por lo tanto, ejerce una mayor influencia cuando queremos cambiar alguno de nuestros mapas mentales.

Así, las creencias van impregnando tanto nuestro consciente como nuestro subconsciente. Actúan como barrancos o como puentes de lo que podemos hacer. Por eso, si quieres cruzar el puente, lo único que necesitas es analizar, desafiar y cambiar aquellas creencias para que puedas alcanzar tu potencial y lograr tus sueños.

Características de las creencias

Podemos describir las creencias como algo estático y fuertemente vinculado a las emociones, y que se organiza, además, en un sistema complejo, sin tener una base firme en evidencias.

Las creencias cumplen funciones valorativas y afectivas. Se forman prontamente y, una vez aceptadas, son realmente difíciles de cambiar.

Desde luego, hay algunas que son más fáciles de cambiar que otras, pero normalmente las más antiguas son las que presentan mayores dificultades para hacerlo.

Es bueno saber también que se organizan en un sistema de representaciones, y que tienen una función adaptativa, al ayudarnos a definir y comprender tanto al mundo que nos rodea como a nosotros mismos.

Son automáticas. Es decir, están ahí, incuestionables, para la mayoría de nosotros, pues creemos que son "realidades" y las difundimos como tales, como verdades absolutas.

Es muy importante comprender que la creencia puede sentirse como verdadera, pero puede ser parcial o incluso falsa. Aunque, claro, por más que la sometamos a comprobaciones, es muy probable que permanezcan activas porque nosotros mismos somos quienes las validamos, aferrándonos a ellas y desestimando toda información que pudiera contradecirlas.

Por eso es imprescindible comprender que el sistema de creencias no es ni bueno ni malo, sino potenciador o limitante.

De ello depende que puedas pensar en cambiarlo, y así reemplazar la manera en que percibes las cosas. Ya sea con dolor o placer.

A la hora de hablar de creencias, deberíamos subrayar la existencia de una gran variedad de ellas. Así, por ejemplo, nos encontramos con las conocidas como *creencias globales*. Son aquellas ideas que tenemos sobre aspectos tales como la vida, la muerte, el ser humano, el mundo, etcétera.

Nos encontramos también con las denominadas *creencias limitantes*. Es decir, toda creencia acerca de la realidad que, a pesar de no ser verdadera, mantenemos a lo largo del tiempo y reforzamos con supuestas evidencias que la sustentan.

Para explicarlo mejor, veamos esta anécdota del psicólogo estadounidense Abraham Maslow:

> *Un psiquiatra trataba a un hombre que creía ser un cadáver. Pese a todos los argumentos lógicos del psiquiatra, el hombre persistía en su creencia.*
>
> *Un día, en un destello de iluminación, el psiquiatra le preguntó: "¿Pueden sangrar los cadáveres?". A lo que el paciente respondió: "¡Eso es absurdo! Los cadáveres no sangran".*
>
> *Tras pedirle permiso, el psiquiatra le pinchó el dedo con una aguja y le extrajo una gota de sangre. El paciente se quedó mirando su dedo, completamente atónito, y al cabo de unos segundos, exclamó: "¿Quién lo diría? ¡Ahora resulta que los cadáveres sangran!".*

Como solo podemos actuar en concordancia con las creencias limitantes que nos dominan, muchos de estos comportamientos quedan estancados en nuestro cerebro como "realidades", aunque hayan dejado de sernos útiles. De este modo, actuamos como el paciente que, a pesar de ver la sangre, seguía aferrado a su creencia de considerarse un cadáver.

Las *creencias limitantes* se formulan con un lenguaje característico que está relacionado con lo que podemos, debemos o deberíamos hacer o no hacer. Son afirmaciones que indican creencias de identidad, que limitan la idea que tenemos sobre nosotros mismos y de lo que podemos hacer para cambiar.

En cambio, las *creencias potenciadoras* nos facultan para realizar acciones que tienen consecuencias satisfactorias para nuestras vidas.

Existen tres niveles básicos de confianza que permiten convertir las creencias limitantes en potenciadoras:

1. Confianza en uno mismo.
2. Confianza en las relaciones con los demás.
3. Confianza en el proceso de esas relaciones.

Creencias potenciadoras

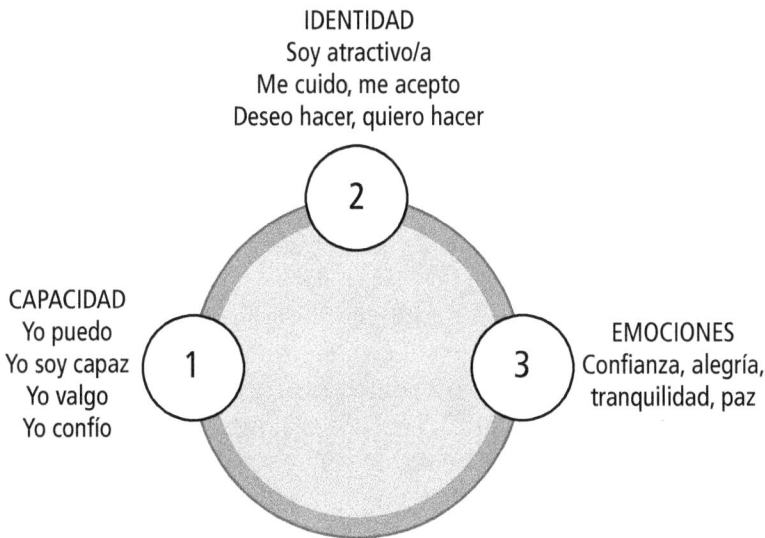

IDENTIDAD
Soy atractivo/a
Me cuido, me acepto
Deseo hacer, quiero hacer

2

CAPACIDAD
Yo puedo
Yo soy capaz
Yo valgo
Yo confío

1

3

EMOCIONES
Confianza, alegría,
tranquilidad, paz

Como la percepción humana y la realidad son dos cosas diferentes, es importante desarrollar un sistema que nos ayude a modificar nuestra manera de pensar y nos permita llegar a conclusiones diferentes. De ese modo, será posible disminuir la distancia entre la realidad y la percepción que tengamos de ella.

Podemos dividir dicho proceso de cambio en tres fases:

- **FASE UNO**

  Descubrimiento de mis creencias limitantes

Este descubrimiento se logra mediante la observación de nuestra forma de expresarnos, a veces mediante el uso de expresiones como las mencionadas en el siguiente gráfico:

Creencias limitantes

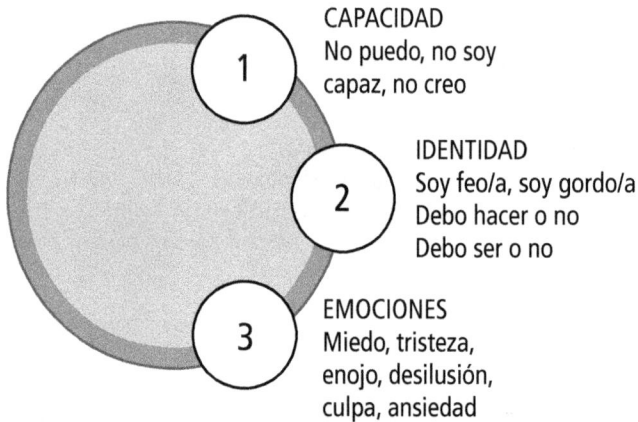

1 CAPACIDAD
No puedo, no soy capaz, no creo

2 IDENTIDAD
Soy feo/a, soy gordo/a
Debo hacer o no
Debo ser o no

3 EMOCIONES
Miedo, tristeza, enojo, desilusión, culpa, ansiedad

A continuación, intentaremos averiguar cómo ha llegado a nuestra mente cada creencia, analizando el contexto que la generó.

Cuestionaremos la fuente de la cual nació y nos preguntaremos si eso que creemos es real, si se trata de una verdad absoluta:

1. ¿Lo es de acuerdo con las ideas de quién?
2. ¿Qué autoridad tiene esa persona?
3. ¿Realmente creo que necesaria y moralmente es así?
4. ¿Lo considero así porque está basado en mi experiencia?

• **FASE DOS**

Modificación de la creencia

Es el momento de comenzar a trabajar en las creencias limitantes antes identificadas y de empezar a reemplazarlas por creencias nuevas.

La forma adecuada de hacerlo es cultivar la curiosidad por aquellas ideas que nos resultan atractivas, incluidas las que nos incomodan o nos dan miedo, ya que estas últimas van a permitirnos una mayor apertura mental.

Una vez hecho esto, es vital que aprendamos a utilizar esas nuevas creencias en nuestro beneficio. Es decir que debemos aceptarlas totalmente y observar la conducta que otras personas tienen sobre creencias similares. De ese modo, podremos adaptarlas a nuestra forma de ser de manera positiva.

Puede ayudarte a atravesar este complejo proceso si te haces alguna de estas preguntas:

1. ¿Cuál es la intención positiva de esta creencia?
2. ¿Cuál es la causa por la cual, por ejemplo, no logro adelgazar, conseguir un mejor trabajo, sentirme feliz, etcétera?
3. ¿Qué significa para mí, por ejemplo, adelgazar, conseguir un mejor trabajo, sentirme feliz, etcétera?
4. ¿Qué pretendo creer con la creencia negativa de que no lo voy a lograr?
5. ¿Cuál es la creencia opuesta que quiero incorporar?
6. ¿Cómo puede mejorar mi vida si aplico esta nueva creencia?
7. ¿Qué es lo mejor que me puede pasar si no modifico mi creencia?

Piensa sobre todo:

> ¿Qué es lo mejor que me puede pasar con la incorporación de una creencia nueva?

- **FASE TRES**

Consolidar la nueva creencia

Consolidar una nueva creencia no se produce mágicamente. Es un proceso que requiere de tiempo y disciplina. Tienes que trabajar mucho sobre tus diálogos internos y centralizar tus esfuerzos en la ventaja que te ofrece sostener esa nueva creencia a través de la repetición de afirmaciones sobre ella. Entrena tus comportamientos, tus conductas y tu lenguaje.

Desde luego, existe una serie de métodos que pueden ayudarte a derribar las creencias limitantes.

Veamos cuáles son.

Robert Cialdini[11], en su libro *La ciencia de la influencia*, describe seis principios de persuasión a los que denomina "las armas de la influencia", y que pueden resultarte útiles a la hora de cambiar tus creencias limitantes.

Reciprocidad

Los seres humanos estamos organizados para ayudar a quienes previamente nos han ayudado. La reciprocidad es una herramienta poderosa que modifica la conducta humana, ya que infunde en nosotros un sentido de obligación: si damos algo a otra persona, ella buscará la manera de devolvernos el favor.

Compromiso y consistencia

Como seres humanos, tenemos un profundo deseo y necesidad de que nuestro comportamiento sea coherente con nuestras creencias y nuestros compromisos adquiridos. Si expresamos de manera oral o escrita una meta, es muy pro-

---

11. Robert Cialdini: *Influence: The psychology of persuasion*. William Morrow & Company Inc, New York, 2007.

bable que, una vez generado el compromiso, modifiquemos nuestro comportamiento para adecuarnos y ser fieles y coherentes con dicho acuerdo.

El libro de Cialdini ilustra perfectamente este principio con el siguiente ejemplo:

> *En una playa de Nueva York, se dejó adrede una radio sobre una toalla. La persona dueña del artefacto pedía a los bañistas que estaban a su alrededor que vigilaran sus cosas mientras él se ausentaba.*
>
> *A continuación, se le pidió a un falso ladrón que pasara por allí y, muy descaradamente, se llevara la radio. El objetivo de la prueba era establecer cuántas personas serían capaces de arriesgarse a impedir el robo.*
>
> *El resultado fue que 19 de los 20 bañistas intentaron detener el robo, ya que se encontraban bajo el efecto del compromiso y la coherencia.*

Si los seres humanos somos capaces de hacer algo semejante por un extraño, ¡imagina lo que podemos hacer por nosotros mismos!

Prueba social

Todos, absolutamente todos, estamos tremendamente influenciados por las acciones de quienes nos rodean. La razón es que consideramos que aquello que la mayoría piensa es lo correcto. Por eso la opinión de otras personas es tan importante para nosotros en el momento de tomar decisiones.

Por ejemplo: Cialdini realizó un experimento poniéndose de acuerdo con una o más personas que, paradas en una calle cualquiera, miraban el cielo. Los demás transeúntes, llenos de curiosidad, se detenían junto a ellas y comenzaban a imitarlas.

Lo curioso de este experimento es que, en un momento dado, Cialdini tuvo que abortarlo debido a la gran cantidad de gente que se detuvo a mirar hacia arriba, ocasionando trastornos en el tránsito.

Autoridad

La autoridad, de algún modo, es la persuasión naturalizada. Es decir, todos tendemos a seguir los consejos y órdenes de aquellos que consideramos expertos, aunque muchas veces no estemos de acuerdo con sus pedidos o sugerencias.

Una prueba algo extrema de ello es la sumisión absoluta que muestran los soldados ante sus superiores o algunos empleados ante sus jefes.

Empatía

Por el contrario, las personas tendemos a favorecer la autoridad de aquellos que nos resultan atractivos, familiares y que se parecen a nosotros. Desde luego, esto no siempre se hace de una manera consciente, pero cuando queremos y respetamos a alguien confiamos en su palabra. Incluso, es probable que le prestemos mayor atención que a los demás.

Cialdini pone como ejemplo la famosa comercialización de Tupperware, y afirma que las personas eran más propensas a comprar si les gustaba quien les presentaba el producto.

La escasez

Este recurso es muy sencillo. Cialdini afirma que el sentimiento de estar compitiendo por recursos limitados tiene efectos motivacionales sorprendentes. Es decir, la percepción de escasez generará una mayor demanda, en especial cuando el objeto de deseo es finito y por un tiempo limitado.

Otras técnicas destinadas a derribar las creencias limitantes y que pueden serte de mucha utilidad son las que siguen.

Reestructuración cognitiva

Esta es una técnica basada en la psicología y utilizada con el fin de cambiar los significados. Es decir, los eventos no tienen connotaciones positivas ni negativas, simplemente son. Somos nosotros quienes le damos una u otra connotación según las experiencias que hayamos tenido en nuestra vida.

Mediante diálogos socráticos entre paciente y terapeuta, y a través de conductas de exploración y comprobación se busca que la persona les brinde un significado nuevo a las creencias limitantes. De manera tal que ella misma se cuestione su vieja creencia y explore una nueva que le permita potenciar su desarrollo y bienestar.

Psych-K

Constituye una manera simple y directa de modificar las creencias limitantes de la persona a nivel subconsciente. Fue creada por Robert M. William[12] en 1988 y consiste en una serie de procesos que utilizan una forma de tests musculares provenientes de la kinesiología, como puente de comunicación entre la mente consciente y la subconsciente, para generar un cambio de actitudes.

Tapping

Esta técnica fue descubierta por el ingeniero de sistemas Gary Craig[13], y también se la conoce con el nombre de EFT (*Emotional Freedom Technique*), que significa técnica de la libertad emocional.

Se trata de liberar el malestar emocional derivado de una creencia limitante. Quien aplica la técnica va dirigiendo la mente del paciente hacia los recuerdos que generaron esa creencia, a la vez que con sus dedos va realizando un pequeño golpeteo o "tap" sobre ciertos puntos de los meridianos que conducen la energía según los principios de la medicina tradicional china.

---

12. Robert M. William: *Psych-K, the Missing Peace in Your Life!* Myrddin, Creston, Colorado, 2004.
13. Gary Craig: *The EFT Manual.* Energy Psychology Press, Santa Rosa, California, 2011.

De este modo, se consigue normalizar el flujo energético asociado con ese desequilibrio, al eliminar la creencia negativa que existía.

El espejo de la mente

Esta es una técnica utilizada en el Método Silva de control mental. Está basada en la visualización y la imaginación. Utiliza estos recursos para cambiar una situación existente y crear lo que se desee hacer o ser.

Para utilizarla, lo primero que debe hacerse es imaginar que existe un espejo, supongamos, de marco azul, enfrente de ti. En él debes ver reflejado tu obstáculo actual o problema. Una vez realizado esto, debes mover ese espejo a un lado y sustituirlo por otro, supongamos, de marco blanco. En este último debes ver reflejado lo que deseas. Será necesario que utilices todo el poder de tu imaginación para crear aquello que te hace feliz. Debes verte a ti mismo celebrando tu éxito.

La técnica de la mesa

Se trata de un método sencillo, creado por el autor y conferencista Anthony Robbins[14], utilizado ampliamente en el campo de la Programación Neurolingüística (PNL) con el fin de derribar las creencias limitantes.

Consiste en tomar una de estas creencia y compararla con una mesa. Así de sencillo: la superficie plana de la mesa simboliza la propia creencia, mientras que las patas representan las experiencias de vida que han dado lugar a su formación.

Esta técnica permite ir analizando uno por uno todos los apoyos en los que se ha montado la creencia, con la finalidad de poner en duda la aparente solidez en la que esta se sostiene.

---

14. Anthony Robbins: *Unlimited Power. The New Science of Personal Achievement.* Pocket, New York, 2001.

Autoafirmaciones de Louise Hay

Esta última técnica consiste en repetir ciertas afirmaciones de forma oral y escrita. Deben ser del tipo de las que te ayudan a recordar la nueva creencia positiva y repetirla. Puedes colocar notas en diferentes lugares por donde tú pases, programarla como alarma en tu celular, usarla como fondo de pantalla de tu computadora, etc. ¡Incluso puedes inventar una melodía y cantarla! Lo importante es que siempre esté presente. En efecto, Louise Hay considera que el hecho de ir repitiendo una y otra vez dicha creencia potenciadora hará que vaya ingresando a tu subconsciente. ¡Vale la pena intentarlo!

Es válida cualquiera sea la técnica que decidas utilizar para ayudarte a cambiar tu sistema de creencias limitantes. El objetivo final es ir quitando capas y capas, como si de una cebolla se tratara, para intentar llegar a tu esencia. A aquello que quieres y que beneficia tanto a ti como a tu entorno. De esta manera, te sentirás libre y a gusto contigo y con tu vida.

Queda claro que elegimos nuestros valores según las creencias que tenemos. Algunas de ellas nos ayudan a progresar o a buscar lo mejor de la vida. Otras no son tan funcionales y nos juegan en contra, y están las que son contraproducentes desde el punto de vista social.

Afortunadamente se puede trabajar con ellas y cambiarlas. No son determinadas genéticamente como el color de los ojos o la estatura. No nacimos con ellas, sino que las hemos ido formando a partir de experiencias e influencias del entorno. Por eso, la buena noticia es que pueden revertirse.

Creencias y valores

El conjunto de nuestras creencias va a configurar nuestro sistema de valores. Y a su vez, los valores determinarán qué es importante para nosotros y establecerán, por ende, qué está bien o mal desde nuestra óptica.

Los valores constituyen los principios fundamentales que se encuentran ordenados en escalas jerárquicas determinadas por las creencias, las experiencias personales y las conductas de quienes conforman nuestro entorno.

Cuando tenemos bien claro cuáles son nuestros valores más importantes y su distribución en la escala, podremos conocer nuestras motivaciones internas; aquello que no cederemos bajo ningún concepto. Aquello que nos impulsará a actuar en consecuencia para alcanzar nuestras metas.

Si logramos cambiar la jerarquía de nuestros valores, modificaremos nuestra forma de pensar y de ver el mundo. Nuestros valores condicionan intensamente nuestra conducta. De manera inconsciente, claro está.

Diversos niveles relacionan y determinan nuestro comportamiento y cuando logramos alinear los procesos mentales y psicológicos que dan vida a nuestros valores es cuando podremos ir detrás de aquello que nos apasiona.

Los factores relevantes que ejercen su influencia en el comportamiento de la persona en relación con el éxito en sus metas propuestas son:

1. Entorno sociocultural: es el modo de vida en que te desenvuelves a diario, es el micromundo donde tu accionar influye en los demás y a su vez es donde buscas encajar para seguir las normas tácitas formalmente manifiestas en él.

2. Percepción: es la construcción mental fuertemente subjetiva que determina la forma personal en que ves las cosas que consideras importantes. Al ser altamente influenciable por los estímulos externos, puede moldear tus actitudes.

3. Experiencia: forma parte de tu sistema de creencias e integra, a su vez, tu sistema de valores, de allí que

sea tan importante el modo en que expresas y tomas como verdaderas tus experiencias personales.

4. Competencias: el conjunto de habilidades que desarrollas a lo largo del tiempo te dan la seguridad necesaria para impulsarte a conseguir tus metas.

5. Conciencia de uno mismo: los rasgos que forman parte de tu persona y que te convierten en alguien distinto a los demás también constituyen un elemento clave a la hora de alcanzar objetivos. Si bien puede ser influenciable por el entorno, posee un componente hereditario que lo neutraliza.

Por eso, debes trabajar para crear una jerarquía de valores que realmente te haga sentir bien, a gusto y feliz. Es decir, acorde con aquello que te apasiona.

Características de los valores

Si pudiéramos tomar nuestros valores, desarmarlos y ver de qué están compuestos, allí encontraríamos nuestras más profundas necesidades humanas.

Representan nuestros ideales, nuestras cualidades y aspiraciones. Son aquello que cuidamos y respetamos porque son lo que nos constituye, forman parte de nuestra identidad y orientan nuestras decisiones.

Además, podríamos entender que están agrupados en un sistema jerarquizado, en el cual tienen prioridad uno por encima de otros.

Desde luego, cada persona tiene su propia escala de valores, ordenada según sus prioridades.

Juan Carlos Jiménez[15], autor de *El valor de los valores en las organizaciones*, presenta una serie de criterios para clasificarlos. Estos son:

---

15. Juan Carlos Jiménez: *El valor de los valores en las organizaciones.* Cograf, Caracas, 2008.

Valores universales

Nuestros valores universales son los constituidos por las normas de comportamientos necesarias para vivir en sociedad. La honestidad, la responsabilidad, la verdad, la solidaridad, la cooperación, la tolerancia y el respeto son solo algunos de ellos. Sin apuntar a honrarlos cada vez que podemos, sería imposible nuestra convivencia.

Valores personales

Son los que consideramos principios indispensables para nosotros. Sobre ellos construimos nuestra vida. Son los lineamientos que nos guían al relacionarnos con otras personas.

Valores familiares

Los valores familiares, desde luego, derivan de nuestros padres y sus creencias fundamentales. Se centran en lo que ellos valoran, consideran y establecen como bueno o malo, apropiado o inapropiado, justo o injusto.

Valores socioculturales

Estos, por su lado, son los que imperan en nuestra sociedad. Han cambiado a lo largo de la historia y lo seguirán haciendo. Pues continuamente son consensuados y reformulados por la humanidad como consecuencia de los hechos que se van sucediendo a lo largo de la historia. Desde luego, no siempre coinciden con nuestros valores personales o familiares.

Valores materiales

Estos valores son los que nos permiten la subsistencia. Están relacionados con nuestras necesidades básicas.

Valores espirituales

También están relacionados con nuestras necesidades básicas, pero de otro tipo. Son los que nos permiten sentirnos realizados, dándole sentido y fundamento a nuestras vidas.

Valores morales

De algún modo, son los que nos delimitan, marcan nuestras conductas, en pos de la convivencia y del bien general. Desde luego, están determinados por la sociedad y la época en la que vivimos.

Administración del cambio

Muchas veces, atravesamos situaciones y circunstancias que pasan por nosotros sin dejar rastro. Otras, atravesarlas requiere de nosotros un mayor esfuerzo, pero logramos superarlas. Y en algunas oportunidades debemos superar ciertas pruebas que la vida nos pone, apelando a lo mejor de nosotros, haciendo lo posible por adaptarnos de forma rápida y así generar un cambio que nos beneficie.

Todo cambio está lleno de misterio y revelación, de riesgo y oportunidad, aunque, claro está, todo depende del color del cristal con que se mire. Y de la manera en que lo abordemos, que será el factor determinante para atravesarlo.

En esas circunstancias, un cambio de creencias y de valores será indispensable para salir adelante. Es el momento para poner a prueba nuestra flexibilidad, nuestra capacidad para resolver problemas. Y es el momento donde debemos aprender de la experiencia para adaptarnos a cambios futuros.

Lograr planificar un cambio significa demostrar que cuentas con la decisión y la voluntad de hacer un esfuerzo deliberado para mejorar tu situación personal. Para que el cambio sea efectivo debes determinar la estrategia a seguir y conocer muy bien el contexto de aquel cambio que quieres trabajar.

Kurt Lewin desarrolló un modelo de cambio organizacional que bien puede adaptarse al cambio personal. El modelo se centra en el proceso de cambio y lo describe dividiéndolo en tres partes:

1. Descongelamiento

A lo que se refiere Lewin con este término es a que debemos atravesar un proceso de desaprendizaje, mediante la reducción de esas fuerzas que nos mantienen en una actitud equivocada. Para eso, será necesario que identifiquemos la situación actual y el problema a resolver.

2. Cambio

Desplazarse hacia un nuevo estado implica cuestionarse, poner en tela de juicio la forma en que estamos haciendo las cosas. Luego, definir nuevas metas más concretas y objetivas.

3. Recongelamiento

Por último, el recongelamiento permite estabilizarnos nuevamente, encontrar un estado de equilibrio. De este modo, desarrollaremos una estrategia que asegure la permanencia de dicho cambio mediante un seguimiento y un control superior.

Podemos, entonces, esquematizar este proceso de la siguiente manera:

Proceso de recongelamiento

Situación actual		Descongelamiento
Período de transición		Cambio
Situación deseada		Recongelamiento

En este proceso de tres etapas, se encuentra implícito el reconocimiento de que la mera introducción del cambio no garantiza que se haya eliminado la condición previa a él, ni tampoco su permanencia. El cambio simplemente tiene por objeto hacer que las cosas sean diferentes.

Un cambio exitoso requiere descongelar el estado de equilibrio mediante la superación de la resistencia individual, del conformismo; para moverse hacia un nuevo estado, donde se fomenten nuevas actitudes y maneras diferentes de moverse hacia el logro de metas.

Por último, se consolida el cambio al recongelarlo; volviéndolo permanente.

La "Curva del cambio"

La doctora Elizabeth Kubler Ross fue la primera en desarrollar la "Curva del cambio". Y la dividió en seis etapas: negación, enojo, depresión, miedo, negociación y aceptación.

Luego, Dennis Jaffe y Cinthia Scott adaptaron el modelo de la doctora y elaboraron la llamada "Curva del cambio", en la que distingue cuatro fases.

Curva del cambio

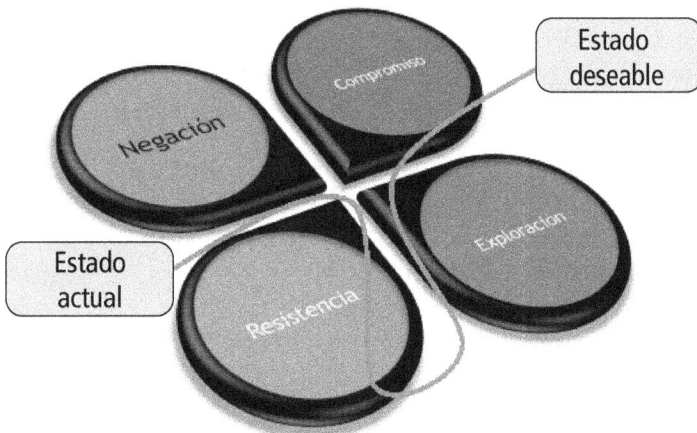

1. Negación

Esta es la etapa donde no solo pretendemos negar los cambios, sino que también los cuestionamos. Es un modo de defensa, una forma de evitar que las cosas dejen de ser como son, aun cuando ellas no nos sean del todo favorables. Es una de las formas de permanecer en la zona de confort.

2. Resistencia

Luego de la negación, cuando se hace imposible no ver el cambio, llega la resistencia. Pues comenzamos a sentir que perdemos poder por encontrarnos fuera de nuestra zona de confort. Es un vértigo que antes no sentíamos, y claro, comenzamos a expresarlo con manifestaciones de enojo, queja, apatía y falta de iniciativa.

3. Exploración

Allí, entre percibir el cambio como una nueva amenaza y verlo como una oportunidad, está la exploración. Es un período de transición entre una y otra actitud. Es el momento cuando reconocemos y aceptamos que el cambio es necesario. Cuando comenzamos a sentir que estamos preparados para llevar a cabo toda aquella iniciativa personal que nos ayude en la transición.

Es momento para decidir hacer lo mejor posible, para aprender nuevas habilidades y sentirnos estimulados por el descubrimiento.

Quizás, y también es normal que suceda, sea el momento en que nos sintamos un poco abrumados por todo lo que nos queda por aprender.

4. Compromiso

Ya aquí, el cambio se transforma en algo confortable. Pues es la etapa donde ya ha sido aceptado y adoptado por nosotros. Ya hemos atravesado un proceso de aprendizaje basado en la adquisición de nuevas habilidades que nos permiten sentirnos más a gusto con el nuevo entorno.

Esta curva es un instrumento diseñado para guiarnos a entender, aceptar y administrar los procesos de cambio de manera positiva.

Capítulo 6

EMOCIONES: ENERGÍA EN MOVIMIENTO

*No olvidemos que las emociones
son los grandes capitanes de nuestra vida
y que las obedecemos sin darnos cuenta de ello.*
Vincent van Gogh

En la búsqueda de nuestras pasiones, nuestras emociones son una herramienta poderosa para potenciar actos creativos que impulsen cambios beneficiosos en nuestra calidad de vida.

Las emociones son una respuesta a los estímulos externos e internos que determinan nuestra experiencia de vida y afectan a nuestras elecciones y decisiones. Algo que se ve reflejado en todo lo que hacemos.

Nos conectamos con la energía de las emociones a través de la intención, y ellas nos incitan a la acción.

Para comprenderlas mejor, las emociones pueden representarse mediante el gráfico de la página siguiente.

Vemos en el gráfico que *el propietario* representa el cuerpo espiritual, la conciencia atenta que dirige al conductor hacia el camino del éxito. En tanto que *el conductor* simboliza nuestra mente, el pensamiento racional. Él es quien evalúa qué camino seguir, maneja los *caballos* obedeciendo las directivas del *propietario*.

Lleva un látigo, herramienta compuesta por nuestros pensamientos, que le permite regular la marcha de los *caballos*. No siempre se puede ir a toda velocidad, a veces hay que medir el paso.

Alegoría del carruaje

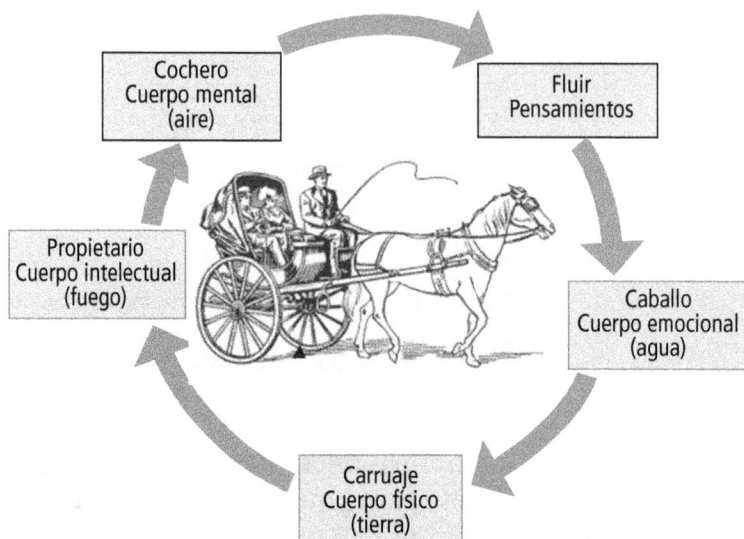

Fuente: Qisoma[16].

Por eso los *caballos* representan las emociones, pues son la fuerza que puja hacia adelante, la sangre que nos mueve, indomables y salvajes. Aunque sin un *conductor* que las guíe pueden conducirnos por caminos indeseados.

Por último, está el *carruaje*, ese conjunto de herrajes y piezas que nos estructura y que no es otra cosa que nuestro propio cuerpo físico. Nuestra salud depende del comportamiento de los *caballos*. Si la mente los castiga con pensamientos negativos, estos tirarán del carro sin control, nos llevarán por caminos peligrosos y, al fin y al cabo, dañarán nuestro cuerpo físico.

El camino del crecimiento personal implica ir manejando de forma apropiada nuestras emociones en el momento de expandir nuestra conciencia. Debemos dirigir la mente

16. Qisoma: www.actiweb.es

hacia una vida plena, liberando aquellas emociones encapsuladas que solo sirven para quitarnos energía y perjudicar el carruaje, manifestándose como enfermedades.

Al respecto, la medicina tradicional china considera que todas las enfermedades y los sufrimientos físicos de origen interno nacen del desequilibrio de las emociones. Como no es posible eliminar o anular por completo ninguna de ellas, es necesario controlarlas para reducir el impacto sobre el cuerpo.

De este modo, las emociones positivas se reflejan en el cuerpo al equilibrar la función de los órganos, mientras que las emociones negativas se convierten en patologías fácilmente reconocibles.

Por ejemplo, el miedo nos estimula a actuar con prudencia, a conservar la energía en nuestros riñones. Aunque si es desproporcionado e irracional, provoca incontinencia e insuficiencia renal.

Por el contrario, la alegría es buena para el corazón, pero en exceso daña el plexo solar.

Lo mismo sucede con la cólera, que puede ser una válvula de seguridad para salvaguardar la integridad del hígado, pero al transformarse en ira, hace que este órgano, que es el que controla la sangre y otros fluidos asociados, origine que esta ascienda hasta el corazón y la cabeza, y provoque migraña, mareo, visión borrosa y confusión mental.

La tristeza, por ejemplo, favorece la introspección y la sensibilidad perceptiva, beneficiosas para los pulmones. Su exceso o la falta de llanto bloquean el pecho y lo dañan.

Para la filosofía china no existen emociones negativas, sino que cada una tiene su función para garantizar y favorecer la vida. Son los extremos los que generan las patologías, ya sea por causa de emociones excesivas o encapsuladas.

En occidente suelen ser clasificadas como positivas o negativas de acuerdo a cómo dichas emociones afecten nuestro comportamiento.

Diversos autores, a lo largo del tiempo, han relacionado las emociones con una amplia gama de colores. Al igual que la paleta de un pintor, cada uno les pone diferentes intensidades y matices a la hora de ordenarlas.

Lejos de esto, cualquiera sea la clasificación que más se ajuste a tu persona, lo importante es que tengas la potestad de minimizar las emociones negativas y ampliar las positivas.

El control de las emociones

Todos podemos controlar nuestras emociones e ir dejando de lado la actitud autodestructiva, siempre que logremos comprender que la fuente de bienestar personal está en elegir pensamientos que nos hagan sentir mejor.

No existen fórmulas mágicas ni instantáneas que generen resultados exitosos. Es necesario crear el hábito diario de alimentar nuestra mente de forma provechosa. Si permitimos que una o más emociones positivas puedan impulsarnos a la acción, habremos dado un paso adelante hacia un cambio real en nuestras vidas.

Darnos cuenta de que podemos trasladar nuestra energía desde una posición preocupante a otra motivadora será el primer paso para recargar las pilas y dar lo mejor de nosotros mismos. Así nos dirigiremos hacia donde queremos ir.

Por eso, alimentar tu mente en positivo puede lograrse si le dedicas unos minutos por día solo a aquello que te hace bien: leer un libro, mirar una película, disfrutar de una buena taza de té, hacer ejercicio al sol, lo que fuere. Solo se trata de tomarse unos minutos para hacer aquello que te hace bien, no importa lo que sea.

Debes rodearte de personas positivas que te apoyen y te ayuden a pensar en el futuro. Aquellas con las que puedas compartir tus inquietudes y aspiraciones, y trabajar sobre ideas efectivas.

Para poder controlar las emociones debemos tener en claro que estas, por más que también pertenezcan a nuestra área afectiva, no son iguales a los sentimientos. Pues los sentimientos se presentan más evolucionados, ya que contienen elementos intelectuales y racionales. Mientras que las emociones están basadas en instintos primigenios y en la ausencia de racionalidad, ya que provienen de una reacción orgánica y mental como respuesta a estímulos internos o externos.

Daniel Goleman, en su libro *La inteligencia emocional*, explica que a través del desarrollo adecuado de este tipo de inteligencia es posible controlar las emociones en el terreno personal y social.

Nos presenta, entonces, un cuadro llamado "Cuadrante de las emociones" que nos ayuda a gestionarlas; es decir, a explicar qué nos ocurre.

Cuadrante de las emociones

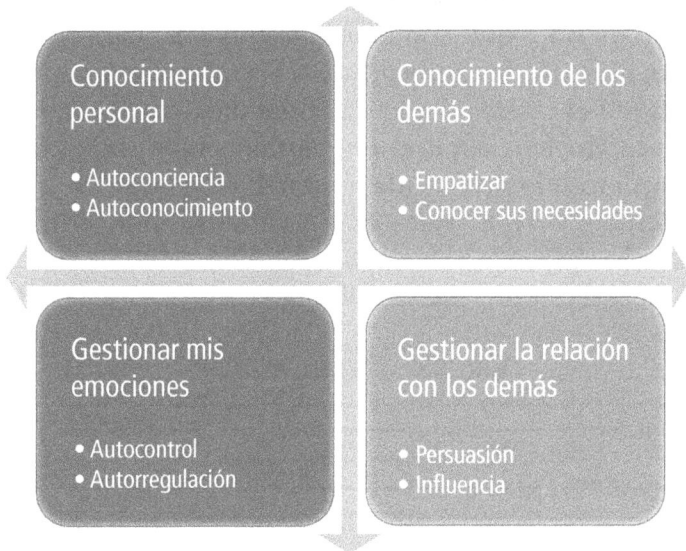

Conocimiento personal	Conocimiento de los demás
• Autoconciencia • Autoconocimiento	• Empatizar • Conocer sus necesidades
Gestionar mis emociones	Gestionar la relación con los demás
• Autocontrol • Autorregulación	• Persuasión • Influencia

Fuente: Daniel Goleman, *La inteligencia emocional.*

La parte superior del cuadrante, es decir, el área del conocimiento, se divide a su vez en dos partes: la del *conocimiento personal* y la del *conocimiento de los demás*.

El primer espacio, el personal, es el que permite estar al tanto de nuestras emociones, pues al conocernos a nosotros mismos podremos actuar con convicción y autenticidad.

El segundo espacio, el del conocimiento de los demás, es muy útil para reconocer las emociones de quienes nos rodean para desarrollar empatía con ellos al conocer sus necesidades.

Por otro lado, la parte inferior del cuadrante pertenece al área de la gestión emocional, y también se divide en dos partes: la *Gestión de las propias emociones* y la *Gestión de las emociones en relación con los demás*.

La primera nos ayuda a afrontar los contratiempos emocionales, aporta claridad mental a través del dominio personal. En tanto que la segunda es muy útil a la hora de interactuar y desarrollar relaciones afectivas con quienes nos rodean.

Este proceso de compromiso con nuestro desarrollo personal también supone sacarse la mochila emocional que cargamos a diario y que contiene nuestras creencias negativas. Por eso, la forma de cambiar nuestras emociones estará determinada por el modo en que reaccionemos a dicho cambio.

Linda Hoyle[17], experta en cambio organizacional, propone un modelo que ayuda a liderar el proceso de cambio al anticipar las reacciones que podemos tener ante él. De este modo, las respuestas que tengamos pueden representarse de la siguiente manera:

Cambio organizacional

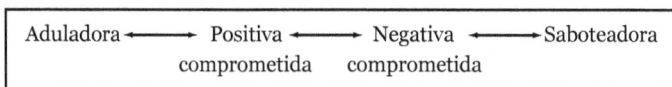

Aduladora ←——→ Positiva ←——→ Negativa ←——→ Saboteadora
comprometida   comprometida

---

17. Linda Hoyle: "From sycophant to saboteur. Responses to organizacional change", en *Working Below The Surface*, Ed. Karnac, London, 2004.

Respuesta aduladora

Si encaramos el proceso de forma aduladora, apoyaremos incondicionalmente el cambio, ya que estamos decididos a impulsarlo. Aunque ciegos a nuestro propio elogio, no tendremos en cuenta el impacto que se producirá en nosotros y en nuestro entorno. No nos interesará escuchar ningún desafío o crítica sobre el modo en que vamos a llevarlo a cabo.

Respuesta positiva comprometida

Encararlo de esta manera es hacerlo con una actitud de entrega, positiva, siendo creativos con respecto a su implementación.

Respuesta negativa comprometida

Por el contrario, hacerlo con una respuesta negativa comprometida es hacerlo poniéndonos en contra de nosotros mismos. Apelaremos a excusas y justificaciones para no llevarlo adelante.

Respuesta saboteadora

Por último, y aunque no nos demos cuenta, podemos tener una actitud saboteadora. Intentaremos que el cambio fracase mediante una actitud pasiva y nada participativa.

Es importante destacar que las respuestas son dinámicas. Frente a una situación de cambio, generadora de ansiedad, podemos llegar a pasar, por momentos, de una posición constructiva a una saboteadora.

Hoyle afirma que existe una conexión entre nuestra capacidad para realizar el cambio, nuestro grado de apoyo y la actitud resultante final. Esta idea llevó al desarrollo del gráfico de la página siguiente.

Las emociones constituyen un agente poderoso para el cambio. Bien utilizadas pueden repercutir beneficiosamente en nuestras vidas, permitiéndonos hacer todo aquello que nos apasiona.

Capacidad para el cambio

Negativa y comprometida	Positiva y comprometida
Saboteadora	Aduladora

Fuente: Linda Hoyle, *De aduladora a saboteadora. Respuestas al cambio organizacional.*

Test de las emociones

Para controlar las emociones debes empezar primero por identificar qué te ocurre y por qué. Es decir, necesitas aprender a gestionar tus emociones para saber cómo manejarlas de forma adecuada en cada momento. Esta es, además, la mejor actitud que puedes tomar si quieres sentirte bien contigo mismo y mantener relaciones satisfactorias con las personas de tu entorno.

Responde a las preguntas del test[18] para saber si tienes la capacidad para gestionar y controlar tus emociones, o bien si necesitas plantearte un cambio de actitud.

1) Cuando me siento triste, deprimido, o simplemente estoy decaído...
- *a. Me aíslo en mi casa.*
- *b. Salgo a la calle, intento distraerme.*
- *c. Aunque intento distraerme, muchas veces acaba invadiéndome la pena.*

---

18. Test de las emociones, webconsultas.com.

2) Cuando no me encuentro bien a nivel emocional…

a. No soy capaz ni de decir cómo me siento (triste, nervioso, confundido).

b. Comprendo el porqué de mi malestar.

c. Sé lo que me pasa, pero no entiendo el porqué.

3) Entiendo mis emociones como…

a. Mis "enemigas", ya que solo me causan problemas.

b. Mis "conocidas", pues dependiendo de la ocasión me ayudan o no.

c. Mis "aliadas", pues las aprovecho para actuar conforme a las circunstancias.

4) Cuando algo me queda dando demasiadas "vueltas en la cabeza"…

a. Intento buscar soluciones, aunque sin éxito.

b. Sigo con eso "en la cabeza", no puedo evitarlo.

c. Intento encontrar la solución a aquello que me preocupa.

5) ¿Qué frase te define más?

a. No puedo evitar sentir miedo, pero sí puedo controlarlo.

b. No puedo evitar sentir miedo, y no tengo manera de controlarlo.

c. No puedo evitar sentir miedo, aunque en algunas ocasiones puedo controlarlo.

6) Sé cuando estoy ansioso porque…

a. Me siento activo físicamente, tengo pensamientos negativos y mi comportamiento es diferente (evito situaciones, tengo movimientos repetitivos, etcétera).

b. Me siento activo físicamente y tengo pensamientos negativos.

c. Me siento activo físicamente.

7) ¿Con qué frecuencia aparecen los "y si…" en tu vida?

a. Constantemente, incluso me han impedido hacer lo que realmente deseaba por temor a lo que pudiera ocurrir.

 b. *Son frecuentes.*

 c. *Pocas veces.*

8) Cuando siento ira…

 a. *Intento controlarla.*

 b. *Intento controlarla, pero digo o hago cosas de las que al final me arrepiento.*

 c. *Soy muy destructivo.*

9) En lo que respecta a mis amigos…

 a. *Establezco mi grado de compromiso, doy según lo que recibo.*

 b. *Me comprometo mucho desde el principio, por lo que a veces me llevo decepciones.*

 c. *Una persona puede pasar fácilmente de ser mi amigo a convertirse en mi enemigo, en cuestión de días.*

10) ¿De quién depende lo que siento?

 a. *De mí.*

 b. *De cualquiera.*

 c. *De mí y de otros.*

11) Si alguna vez las cosas fueron mal…

 a. *Seguirá ocurriendo lo mismo cuando me enfrente a una situación similar.*

 b. *No tiene por qué irme mal la próxima vez; cada situación es distinta.*

 c. *Intento no volver a enfrentarme a esa situación, siempre que pueda evitarlo.*

12) Cuando el enfado me supera…

 a. *Intento analizar la situación y buscar soluciones alternativas a mi ira.*

 b. *Me enfado más cada vez que pienso que "me han" enfadado.*

 c. *Intento controlarlo, aunque muchas veces no lo consigo.*

Suma todas las puntuaciones obtenidas en el test anterior y consulta la interpretación asociada a tu resultado para comprobar si sabes controlar tus emociones o si necesitas mejorar este aspecto de tu personalidad:

1.	*a = 0;*	*b = 2;*	*c = 1*
2.	*a = 2;*	*b = 0;*	*c = 1*
3.	*a = 0;*	*b = 1;*	*c = 2*
4.	*a = 0;*	*b = 2;*	*c = 1*
5.	*a = 0;*	*b = 2;*	*c = 1*
6.	*a = 0;*	*b = 1;*	*c = 2*
7.	*a = 2;*	*b = 1;*	*c = 0*
8.	*a = 0;*	*b = 1;*	*c = 2*
9.	*a = 1;*	*b = 0;*	*c = 2*
10.	*a = 2;*	*b = 1;*	*c = 0*
11.	*a = 0;*	*b = 2;*	*c = 1*
12.	*a = 2;*	*b = 0;*	*c = 1*

Resultados del test de las emociones

0-8 puntos - Ausencia de control emocional

Eres víctima de tus emociones. No saber gestionar algo tan presente en tu vida como las emociones puede acarrearte importantes problemas en diferentes áreas. Las personas como tú son auténticos diamantes en bruto. Si aprendes a controlarlas, puedes sacarles mucho partido a tus emociones.

8-16 puntos - Control emocional, pero solo en algunas ocasiones

Cuando las cosas se ponen difíciles tiendes a perder el control de tus emociones. Piensa qué método empleas para controlar las emociones cuando sí lo consigues, para poder ponerlo en práctica en las situaciones en las que te resulta más difícil lograrlo.

16-24 puntos - Control total de tus emociones

Sabes controlar muy bien tus emociones, por lo que, aunque no lo creas, juegas con ventaja en muchas áreas de tu vida. Si estás muy cerca de la puntuación extrema de este intervalo, considera la posibilidad de estar enmascarando una represión emocional, entre otros problemas.

Capítulo 7

ABRAZAR LOS DESAFÍOS

Tus sueños determinan tus metas.
Tus metas trazan tus acciones.
Tus acciones crean los resultados.
Los resultados te traen éxito.
John Maxwell

La vida está llena de desafíos, pues existen olas constantes de obstáculos que tendrás que superar. Y quien eres determinará si vas a responder a ellos de forma efectiva o no.

El desarrollo personal en movimiento

La manera en que te posicionas mentalmente es fundamental a la hora de alcanzar el éxito. Según cómo desarrolles tu forma de ser estarás influenciando cada decisión y cada acción que tomes. Pues quien eres no es algo estático. Los hábitos y actitudes se forman segundo a segundo, y transformar tu ser requiere de una atención consciente, una actitud férrea y un esfuerzo comprometido.

Es una transformación relacionada con cómo te ves tú a ti mismo, pero también acerca de cómo te ven los demás. Se trata de cómo te relacionas. Cómo dejas un impacto positivo y logras influenciar profundamente al resto.

Si quieres que esa pasión que llevas dentro se convierta en tu modo de vida, deberás poner en marcha un plan de

129

acción que te permita desarrollar creencias y actitudes no limitantes. Pues cuando dejas las cosas libradas al azar y no te tomas el tiempo de planificar estás creando una actitud negativa que lleva a la postergación, lo que solo te servirá para aplazar el logro de tus metas.

Un plan de acción específico te mueve hacia adelante, te guía y permite que el enfoque de tu energía sea consciente y dirigido a tus objetivos.

Lo primero que debes hacer es una *hoja de ruta* que te diga dónde estás y adónde quieres llegar. Por qué estás aquí y cómo puedes llegar allí. Qué necesitas para conseguirlo.

A partir de esa *hoja de ruta* puedes comenzar a diseñar tu plan de acción al determinar:

- Propósito u objetivo general: ¿qué quieres hacer?
- Meta: ¿hasta dónde quieres llegar?
- Objetivos específicos: ¿para qué lo quieres lograr?
- Actividades y tareas: ¿cómo lo vas a hacer?
- Cronograma: ¿cuándo y dónde lo vas a hacer?
- Recursos: ¿con qué o con quién lo vas a hacer?

Existen, desde luego, objetivos de corto, mediano y largo plazo. Establecerlos te ayudará a discernir qué actividades deberás realizar primero y cuáles con posterioridad.

Debes tener en cuenta que los objetivos a corto plazo son aquellos que puedes comenzar a realizar de inmediato, en términos de días, semanas o meses. Ya que son relativamente simples y no requieren de mucha motivación.

Los de mediano plazo, por su parte, son aquellos que por su grado de complejidad necesitan de algo más de tiempo. Y claro, un poco más de perseverancia para conseguirlos.

Por último, los de largo plazo están relacionados con nuestras aspiraciones finales. Están allá, al final del camino, y pueden requerir años, hasta décadas, para su concreción.

Las metas deben tener las siguientes cualidades:

Ser específicas y medibles. Es muy importante que sean claras y detalladas con respecto a cómo, cuándo, dónde, con quién buscarás llegar a ellas y qué harás cuando lo consigas. De este modo, será posible que midas tus progresos.

Ser realistas. Las metas tienen que ser alcanzables pero no demasiado asequibles, ya que si son demasiado fáciles, no te motivará a realizarlas. Si son muy grandes y complejas, por otro lado, te llevarán a la frustración y sentirás que, a pesar de tus esfuerzos, no estás progresando.

Ser temporales. Deben tener plazos y fechas de realización, con un límite temporal para que no se extiendan indefinidamente en el tiempo.

Ser divisibles en micro-objetivos. Es decir, una meta grande dividida en pequeñas metas, de modo que permita tener un control específico de cada una de ellas.

Constituir un reto. Tienes que sentir que las metas son importantes y beneficiosas para ti, y que vale la pena esforzarse para alcanzarlas.

Poder priorizarse. Pues al tener varias metas, es importante que las clasifiques por su rango de importancia. Eso te facilitará la tarea de concentrarte en las que necesariamente tienes que realizar primero y evitará que te sientas agobiado al pensar en todas las metas que no cumpliste.

Pasos del plan de acción

Paso 1. Visión personal

Tu visión personal es el destino deseado al que quieres llegar en el futuro. Anotarás aquí lo que quieras obtener de aquí a cinco años. Debes ser lo más descriptivo posible acerca de cómo te ves y te sientes, quiénes te rodean, qué cosas materiales tienes:

_____
_____
_____
_____
_____

Paso 2. Valores fundamentales

Son los principios fundamentales en los que crees, y que guían tu accionar. Te ayudará mucho escribir tus cinco valores más importantes, aquellos que consideras esenciales.

_____
_____
_____
_____
_____

Paso 3. Misión personal

Podemos llamar misión personal a la idea de quién eres, qué haces y por qué estás aquí, en este mundo. Trata de ver bien lo que quieres, y ten en consideración cuáles son tus talentos y cuál es el estilo de vida que quieres conseguir.

_____
_____
_____
_____
_____

Paso 4. Aptitudes y capacidades

Investiga en qué te destacas y en qué necesitarás ayuda. También acerca de cuáles son las oportunidades que tienes y las posibles amenazas que deberás sortear. Utiliza para ello la matriz FODA.

_____
_____
_____
_____
_____

Matriz FODA

Fortalezas	Debilidades
FODA	
Oportunidades	Amenazas

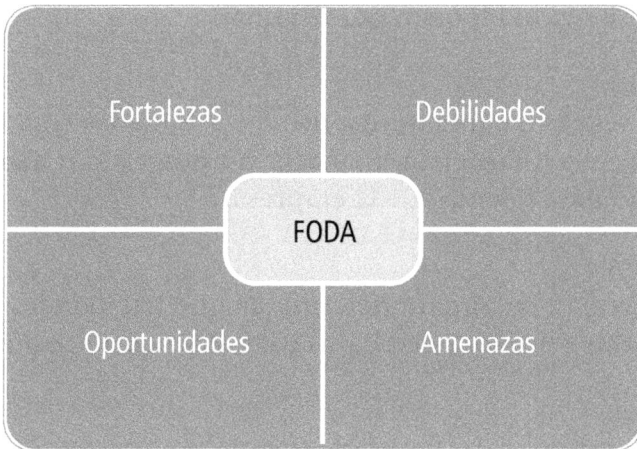

Paso 5. Objetivos

Identifica cuáles son las metas que te planteas para tu vida. Al tener un conocimiento específico de lo que quieres conseguir, te será más sencillo encontrar el modo de alcanzarlo.

No olvides asignarle a cada uno de tus objetivos un valor que defina su importancia, de manera tal que tus esfuerzos puedan orientarse hacia aquellas metas que son prioritarias para tu vida.

Para seguir con nuestro plan personal, vamos a dividir los objetivos en:

5a: Objetivos personales

Es importante que aquí determines aquellas áreas de tu personalidad en las que decidas implementar una mejora. Ellas pueden ser:

Actitud
Pregúntate si hay algún comportamiento que quieras cambiar o algún bloqueo por derribar.

Carrera
Ten en claro aquellos objetivos profesionales en los que decidas crecer. Por ejemplo, hacer un posgrado o manejar una nueva área dentro de la empresa.

Educación
Es fundamental para determinar qué habilidades y conocimientos nuevos necesitarás para alcanzar tu pasión.

Familiar
Incluirás aquí, por ejemplo, las mejoras pretendidas en tu relación de pareja, si quieres tener hijos, ser un buen cónyuge, etcétera.

Financiero
Debes enunciar cuánto dinero quieres ganar, de qué manera obtenerlo, cómo y dónde invertirlo.

Físico
Se refiere simplemente a alguna meta atlética que quieras alcanzar, alguna actividad física que desees empezar a realizar para mejorar tu salud y tener una vida sana, relacionadas con las metas que quieres alcanzar.

Tiempo libre

El ocio también es importante. Por eso debes tener en cuenta también aquellos objetivos relacionados con la diversión y el esparcimiento.

Objetivos personales

1. Corto plazo

_____
_____
_____
_____
_____
_____

Pasos a seguir

1._____
2._____
3. _____

2. Mediano plazo

_____
_____
_____
_____
_____
_____

Pasos a seguir

1._____
2._____
3. _____

3. Largo plazo

_____
_____
_____
_____
_____

Pasos a seguir

1._____
2._____
3._____

Iniciativas de emprendimiento

Si tu idea es descubrir tu pasión y hacer de ella tu modo de vida, es en este sector donde debes indicar cómo lo lograrás.

_____
_____
_____
_____
_____

Evaluación del plan

Es muy importante detallar los mecanismos de gestión y seguimiento de todas tus acciones para poder corregir lo que sea necesario y alcanzar tu visión. Una forma adecuada de hacerlo es mediante el análisis y la verificación de los siguientes aspectos:

¿Qué hice bien?

_____

_____

_____

_____

_____

¿Qué podría haber hecho mejor?

_____

_____

_____

_____

_____

¿Cuáles fueron mis dificultades?

_____

_____

_____

_____

_____

¿Qué soluciones existen?

_____

_____

_____

_____

_____

Con estas respuestas puedes construir un puente que te lleve desde la situación actual –que es donde te encuentras y donde están los problemas y oportunidades– a la situación deseada, que es donde se halla la meta. Cualquier plan de acción responde a un proceso cíclico; es decir, una vez alcanzada la meta, nos encontraremos en una nueva situación y volveremos a desear una situación diferente.

Visión compartida

Cuando vemos a alguien que ha tenido éxito se nos ocurre la loca idea de que esa persona, dedicada y brillante, fue quien en solitario construyó ese desarrollo que tanto admiramos. Desde luego, y por suerte, el mito se derrumba al buscar en la biografía de las personas más destacadas de todo el mundo y ver que detrás de ellas existía un equipo de trabajo que aportaba su parte para que aquel éxito sucediera.

Entonces, compartir adquiere un significado especial en el preciso momento en que te percatas de la importancia de construir junto a otros el destino al que quieres llegar.

Si tu pasión de vida resulta inspiradora, crearás en la mente de las personas que te rodean una imagen tan fuerte de ti que las moverá a ir juntos en su busca.

Peter Senge, autor de *La quinta disciplina*, habla de la visión compartida no como una idea, sino como una fuerza en el corazón de la gente. Como algo que es mucho más que una abstracción, pues de alguna manera muchos comienzan a verla como si existiera.

Al compartir dicha visión, lograrás que la gente se conecte contigo con un interés genuino y un fuerte compromiso, llevados por esa aspiración y movilizándose para obtener resultados extraordinarios.

Al crear un movimiento de seguidores que se conecten con tu pasión, encontrarán quienes se comprometan con ella y ofrezcan su apoyo. Desde luego, hay que tener en cuenta que no todo el mundo va a identificarse así, de allí la importancia de saber comunicarla en los grupos de interés adecuados para aprovechar tu segmento.

Ante una visión, existe una variedad de actitudes posibles que deberás tener presente a la hora de elegir a tus seguidores:

Compromiso genuino

Es el compromiso de aquellas personas que ven claramente los beneficios de alinearse con tu visión. Ellas se comprometen de tal forma que hacen todo lo que está a su alcance y más. Además, se sienten responsables de alcanzar la visión, tomándola como propia.

Acatamiento formal

Quienes pertenecen a este grupo no ven los beneficios de la visión, pero participan en ella dando a entender que no forman parte del asunto.

Apatía

Este grupo de personas no están ni a favor ni en contra de la visión, y no manifiestan mucho interés ni energía en ella. Simplemente están allí para no quedarse fuera.

Es interesante conocer estas actitudes para poder identificar a las personas y sus reacciones. Ellas podrán transformar la visión en fuerza viva solo cuando crean que ella puede modelar su futuro.

Importancia de las visiones compartidas

Las visiones compartidas surgen a partir de las visiones personales. Son muy importantes porque:

- elevan las aspiraciones de tus seguidores;
- contribuyen a superar las dificultades;

- crean una identidad común;
- alientan las visiones personales.

Las visiones no son estáticas, exigen una conversación constante con quienes las compartes, ya que siempre existen niveles de tensión entre la promesa de lo que vendrá y lo que los creyentes ven en el horizonte. Por eso, requieren de una apertura mental por parte del líder, quien tiene que escuchar de forma activa los sueños de sus integrantes y debe permitirles plena libertad en la expresión de sus ideas.

La visión compartida deberá existir para que el *nosotros* esté representado en ella mediante la coexistencia de múltiples visiones que cobran energía y se alinean hacia ese futuro anhelado.

La experiencia sugiere que hay cinco maneras de ayudar a impulsar un movimiento de seguidores:

1. Encontrar una visión que tenga conexión con las más profundas pasiones de las personas, que las inspire a trabajar en equipo para obtener mayores y mejores resultados.
2. Determinar claramente las acciones concretas que harán avanzar el movimiento.
3. Establecer objetivos específicos y una fecha límite para llevar a cabo dichas acciones.
4. Mantener el apoyo de quienes comparten tu pasión para garantizar que el movimiento no está relacionado con una persona en particular sino que es de todos.
5. Evaluar los progresos hacia la meta y ser constante en la comunicación para impulsar el movimiento.

En suma, crear un movimiento que posea determinación y compromiso, conectarte con la gente que desees reunirte, darles una oportunidad de compartir sus visiones y ofreciéndoles a la vez apoyo y guía te enseñará que trabajar en equipo, mancomunando sueños, puede ser de gran ayuda y un gran aprendizaje.

Manejo del tiempo

Otro de los elementos clave para poder alcanzar con éxito tu desarrollo personal es el modo en que administras tu tiempo para que resulte eficiente y productivo.

Numerosos libros y seminarios explican diversos métodos y sistemas que suelen están orientados al tema organizacional.

Es fundamental que comprendas que el manejo del tiempo implica el manejo de uno mismo y, sobre todo, de los propios hábitos. Por eso, administrar bien tu tiempo significa conducir tus asuntos dentro del tiempo disponible para poder obtener mejores resultados. La meta debe ser el logro de objetivos, no simplemente estar ocupado.

Mitos de la gestión del tiempo

Existen numerosos mitos que no sirven para nada en lo que a gestión del tiempo se refiere, entre ellos se encuentran:

Mito de la actividad
Existe la creencia popular de que la persona que más trabajo tiene sobre su escritorio es la más eficiente. Desde luego, esto no siempre es así, pues muchas veces se confunden los resultados con la actividad, sin llegar a ninguna parte. Por eso es importante notarlo cuando algo así ocurre contigo; cuando estás siempre realizando actividades que, si bien te mantienen ocupado, no te conducen a la meta.

Mito de la decisión aplazada

Sería una obviedad decir que antes de tomar una decisión adecuada debemos tener toda la información necesaria para poder decidir de forma inteligente. Sin embargo, muchas veces las decisiones tienen su propio tiempo. Por eso debemos estar preparados para tomar decisiones rápidamente y no caer en excusas que terminen aplazándolas.

Mito del tiempo indispensable

Este es un engaño en el que es muy fácil caer. Ocurre cuando creemos que si invertimos más horas trabajando en algo los resultados serán directamente proporcionales al tiempo trabajado. Nuevamente se comete el error de creer que si se trabaja más se trabaja mejor. Y ya sabemos que calidad no es lo mismo que cantidad.

Mito de ahorrar tiempo

Al contrario del mito de la decisión aplazada, muchas veces se buscan soluciones fáciles a temas complejos con la idea de ahorrar tiempo. No siempre hay que ahorrar tiempo ni debemos tomar decisiones apresuradas, pues hay cosas que tienen sus propios tiempos y a veces debemos adaptarnos. ¿A alguien se le ocurriría acelerar el crecimiento de una flor?

Mito de trabajar contra el tiempo

Muchas personas funcionan bajo presión. Sacan lo mejor de sí cuando se ven presionadas por el tiempo. No obstante, eso no siempre es lo mejor, el tiempo puede convertirse en un estorbo que nos impida llegar al objetivo deseado. Es decir, es preferible alcanzarlo de forma segura, que nunca alcanzarlo o hacerlo de manera incorrecta.

El círculo del tiempo

Los expertos en el tema coinciden en que ciertos elementos básicos permiten controlar el tiempo a nivel personal:

El círculo del tiempo

Etapa 5
EJECUTAR

Etapa 1
ESTABLECER
OBJETIVOS

Etapa 4
ORGANIZAR
TU TIEMPO

Etapa 2
AUTOCONOCERSE

Etapa 3
ESTABLECER
PRIORIDADES

Establecer objetivos

Tomar como base tus valores, tu visión personal, tu misión y ordenar los objetivos de tu plan de acción en los de corto, mediano y largo plazo. Es muy útil, por ejemplo, determinar qué hacer cada día y establecer prioridades.

Autoconocimiento

Para no sentirnos sobrecargados de cosas y evitar convivir con esa sensación de que el día no alcanza, es necesario identificar aquellos "ladrones" del tiempo que nos visitan a diario. Debes identificar con qué te distraes, qué hábitos roban tu tiempo.

Organizar tu tiempo y ejecutar

Algunas herramientas son muy útiles a la hora de ayudarte a realizar las tareas diarias. Puedes, por ejemplo, hacer listas con tus tareas del día y ponerlas frente a ti en tu lugar de trabajo. Puedes usar calendarios y aplicaciones de tu celular o de tu computadora como recordatorios. Es decir, hoy, existen cientos de modos de organizarnos de forma sencilla y barata. Solo es cuestión de aprovecharlos para hacer rendir al máximo nuestro trabajo.

Establecer prioridades

Cuando sientas que el caos de actividades te supera, puedes reevaluar tus actividades y separar lo urgente de lo importante mediante una lista por orden de prioridades. Hasta puedes, incluso, dividirla en pasos más pequeños para que te motiven a la acción productiva.

Cómo alcanzar tus objetivos

No es sencillo, pero seguir estos pasos te facilitará el camino.

En primer lugar, procura dividir tus objetivos en pequeñas partes que te permitan identificar claramente los pasos a seguir y cuáles serán las acciones productivas que deberás emprender. De este modo, generarás un compromiso con dicha meta.

Después debes evaluar tus progresos. Esto te permitirá saber si tienes que modificar algún hábito, si los resultados obtenidos han alcanzado tus expectativas o si tienes que hacer algo para mejorar.

Por último, te será muy útil realizar una lista de objetivos completa e integrada. Completa porque debe contener todos los roles que, como personas, tengamos en nuestras vidas, e integrada porque los objetivos deberán reforzarse unos con otros y no ser complementarios.

Debes comprender que las listas de objetivos no son estáticas, sino que requerirán revisiones periódicas y reformulaciones, a medida que vayas haciendo una evaluación de tus resultados.

Autoconocimiento

Conocer lo que uno hace es el puntapié inicial para modificar aquellos hábitos que nos impiden aprovechar nuestro tiempo al máximo. Para tener un mayor conocimiento personal debemos:

- Observar y analizar por qué hacemos o dejamos de hacer ciertas cosas.
- Descubrir, identificar y reconocer nuestra forma de pensar, de sentir y de actuar.
- Analizar y conocer nuestras experiencias personales, nuestro pasado, para poder aprender de nuestros errores y aciertos.

La planilla siguiente te ayudará en el proceso de conocer cuán eficiente eres en la administración de tu tiempo.

Concepto	Siempre	A menudo	A veces	Nunca
Puntaje	4	3	2	1
Soy puntual				
Anticipo problemas				
Sé delegar				
Soy ordenado				
Termino lo que empiezo				
No dudo y resuelvo				
Cumplo lo que prometo				
No dejo cosas para mañana				

145

Evaluación de resultados

A continuación, podrás evaluar los resultados obtenidos para saber en qué debes mejorar para ser más productivo.

Más de 30 puntos	Excelente gestión del tiempo
De 20 a 30 puntos	Tu nivel de gestión es muy bueno
De 10 a 20 puntos	Puedes mejorar si trabajas en tus puntos débiles
Menos de 10 puntos	Deberás trabajar mucho, pero puedes lograrlo

Los "ladrones" del tiempo

Todo el mundo pierde tiempo, el punto es saber si podemos identificar rápidamente en qué actividades improductivas dejamos que el tiempo se nos vaya como arena entre los dedos.

Los comúnmente llamados "desperdiciadores de tiempo" pueden ser internos o externos, según sean provocados por nosotros mismos o por terceros.

En cuanto a los externos, los más comunes son: hacer reuniones improvisadas, atender visitantes inesperados, realizar tareas de otras personas, dispersarse con llamados telefónicos no planificados y navegar en las redes sociales.

Entre los internos, podemos citar: falta de claridad para determinar las prioridades, escasa planificación, sobrecargar la agenda de tareas, subestimar el tiempo que llevará completar las diversas actividades, escasez de autodisciplina, o dejar las cosas para después.

De ahí que sea fundamental que podamos establecer con claridad en qué usamos nuestro tiempo.

A continuación te dejo un cuadro para que identifiques a los ladrones personales de tu tiempo y los ordenes de acuerdo con su grado de gravedad, considerando que cuanto más tiempo pierdas más grave será.

La tabla también incluye un espacio para que puedas aportar soluciones creativas que te permitan optimizar los tiempos que dediques a tus diversas actividades.

Gravedad	Enemigos externos	Enemigos internos	Solución posible
Máxima			
Media			
Mínima			

Establecer prioridades

Las prioridades se establecen según dos elementos esenciales: la urgencia y la importancia.

Lo *urgente* son las actividades que exigen atención y resolución inmediatas. En tanto que lo *importante* se relaciona a largo plazo con aquello que requiere un desarrollo de capacidades para dar respuesta en el futuro.

Es como si tuviésemos que colocar grava, piedras y agua en un acuario. Primero colocaremos las piedras (lo importante), luego llenaremos los huecos del fondo con la grava (lo urgente) y finalmente verteremos el agua. Si lo hacemos en otro orden, no podremos terminarlo.

Ambos elementos suelen plasmarse en una matriz de administración del tiempo desarrollada por Stephen Covey, y que se divide en cuatro cuadrantes:

Cuadrante 1. Urgente e importante
Aquí vamos a encontrar aquellas actividades que ejercen una

fuerte presión sobre nosotros y que implican enfrentar una crisis o resolver un problema grave de forma inmediata.

Cuadrante 2. Lo importante, no urgente

Aquí colocamos aquellas cuestiones que implican un aprendizaje y una mejora con un grado de importancia más a largo plazo. Somos nosotros quienes ejercemos presión y no a la inversa. A modo de ejemplo, podemos citar la planificación de mejoras, las capacitaciones y la resolución de conflictos para evitar que se conviertan en crisis.

Cuadrante 3. Lo urgente, no importante

Aquí colocaremos a los ladrones del tiempo que identificamos en el cuadrante anterior. Por ello, encontraremos todas las interrupciones, imprevistos y distracciones que provienen de terceros y nos desvían de nuestros objetivos.

Matriz de prioridades

Importante

	NO	SÍ
Urgente SÍ	• Trivialidades • Pasatiempos • Tareas improductivas • Entretenimientos - Juegos • Cualquier otra cosa	• Prevención • Construcción de relaciones • Planificación y preparación • Desarrollos de sistemas • Conocimiento profesional
Urgente NO	• Interrupciones • Algunas llamadas telefónicas o mails • Algunas reuniones • Reuniones no preparadas • Actividades populares	• Situaciones de pánico • Asuntos estresantes • Fuego cruzado • Proyectos con plazos marcados

Fuente: *First Thing First.* Steven R. Covey.

Cuadrante 4. Lo no urgente, no importante

En este caso, colocaremos todas aquellas actividades de evasión, ocio no planificado, pérdidas de tiempo por trivialidades que nos alejan de nuestro crecimiento personal, generándonos indiferencia o culpa.

Existen diversos métodos que nos pueden ayudar a establecer prioridades, entre ellos podemos citar los siguientes.

- **Análisis ABC**

Consiste en ordenar las tareas agrupándolas según sus prioridades, a saber:

A. Tareas urgentes e importantes.

B. Tareas importantes pero no urgentes.

C. Tareas ni urgentes ni importantes.

Así, cada tarea de nuestra lista se incluiría en uno de estos tres grupos.

- **Técnica de Pareto**

En 1906, el economista italiano Vilfredo Pareto creó una fórmula matemática llamada del 80/20 para describir la distribución desigual de la riqueza en su país. Observó que un 20% de la población tenía el 80% de la riqueza, basándose en el conocimiento empírico. De este modo estableció una ley que afirma que la desigualdad económica es inevitable en cualquier sociedad.

Este concepto se ha ido universalizando y podemos aplicarlo en el gerenciamiento del tiempo. Podemos afirmar sin temor a equivocarnos que el 80% de las tareas pueden realizarse en el 20% del tiempo, y el 20% de las tareas incompletas nos ocupa el 80% del tiempo restante.

Esta regla del 80/20 nos recuerda que debemos dar preferencia al 20% que es el importante, por ser el que produce el 80% de los resultados, y dedicarle mayor tiempo a lo que nos va a brindar las mayores satisfacciones o nos va a ayudar a resolver nuestros problemas.

- **Método Eisenhower**

La "matriz Eisenhower" es una herramienta sensacional que te permitirá administrar mejor tus tareas y al mismo tiempo te ayudará a resolver cuestiones y descartar lo que no te sirva. Las tareas se categorizan mediante la combinación de dos variantes: la importancia y la urgencia.

Cuando una tarea es *importante pero no urgente*, se agenda y será resuelta cuando tengas el tiempo necesario, fijándole una fecha límite.

Si es *urgente pero no importante*, es conveniente delegarla en otra persona que pueda resolverla apropiadamente.

Ante una situación *urgente e importante* tu única alternativa es realizarla de manera inmediata y personal.

Si el asunto *no es urgente ni importante*, es conveniente descartarlo o delegarlo, sin culpa.

Matriz de Eisenhower

	URGENTE	NO URGENTE
IMPORTANTE	HACER AHORA	AGENDAR CON FECHA LÍMITE
NO IMPORTANTE	DELEGAR	DESCARTAR

Fuente: General Dwight Einsenhower.

Organizarse mejor

Un sistema de planificación personal es esencial para poder convertir en realidad y en logros tangibles las intenciones y los deseos formulados en el plano de los objetivos.

Utilizar listas es un instrumento práctico que permite transformar las ideas en acción y estas en resultados. El sistema de listas puede elaborarse como si fuera una cadena donde cada eslabón es un paso más en el logro de los objetivos.

Partimos, entonces, de la misión personal, donde colocaremos nuestra *lista de objetivos* a largo plazo, para luego pasar al segundo eslabón, compuesto por la *lista de metas* que podremos dividir en mensuales y semanales. A continuación haremos una *lista de actividades* que incluirá las acciones a realizar diariamente.

Por último, armaremos una *lista de pendientes* destinada a revisar aquellos compromisos y planes que no pudieron concretarse, con el ánimo de poder concentrarnos en las prioridades del día siguiente.

Por eso, es recomendable revisar siempre las actividades del día anterior y transferir lo no realizado al plan de hoy. También lo es mirar los compromisos del día y asignarles un determinado tiempo a cada uno para poder concluirlos en forma eficiente.

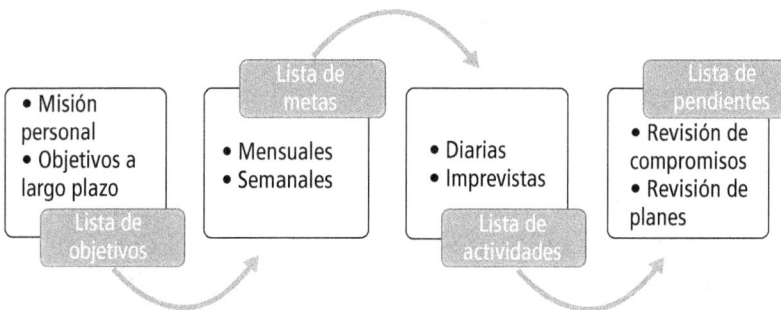

Lista de objetivos
- Misión personal
- Objetivos a largo plazo

Lista de metas
- Mensuales
- Semanales

Lista de actividades
- Diarias
- Imprevistas

Lista de pendientes
- Revisión de compromisos
- Revisión de planes

Imprevistos

Otra herramienta que puede ser de mucha utilidad es el manejo de los imprevistos, ya que a diario deberemos lidiar con ellos.

Como no todo lo que hacemos es perfectamente controlable, debemos estar preparados para pasar días donde habrá retrasos, actividades no programadas y cambios diversos que no estaban en nuestro esquema mental. Por eso, debe ser de vital importancia aprender a manejar la incertidumbre, dejando espacio en nuestra agenda diaria para poder manejarla con relativa tranquilidad.

Lo primero que hay que tener en cuenta ante un imprevisto es mantener la calma, ya que los nervios son los enemigos de las tareas eficientes.

Lo segundo a considerar es que existen dos tipos de imprevistos: los propios y los ajenos. Estos últimos son los que nos sorprenden y nos cuesta un poco más manejar y dirigir hacia nuestros objetivos.

El ciclo de la energía

Un uso efectivo del tiempo requiere que hagamos aquello que "debemos hacer" pero también aquello que "queremos" que se haga. Esto significa tener un equilibrio en las siete áreas fundamentales de la vida: salud, familia, finanzas, intelecto, vida social, vida profesional y vida espiritual. Si una de ellas prevalece, se producirá un impacto adverso en las otras. Por eso es primordial organizar y priorizar.

Comenzar por reconocer nuestros horarios más productivos facilitará utilizar ese *prime time* para ser más eficientes. Deberemos ubicarnos dentro del ciclo del día para distribuir aquellas tareas que nos energizan cuando tenemos "pocas pilas", y aquellas que nos dejan exhaustos cuando estamos en nuestro pico energético. Esto es muy útil a la hora de realizar actividades que requieran mayor concentración, o bien para identificar el momento en que tendremos menores interrupciones.

El ciclo de la energía

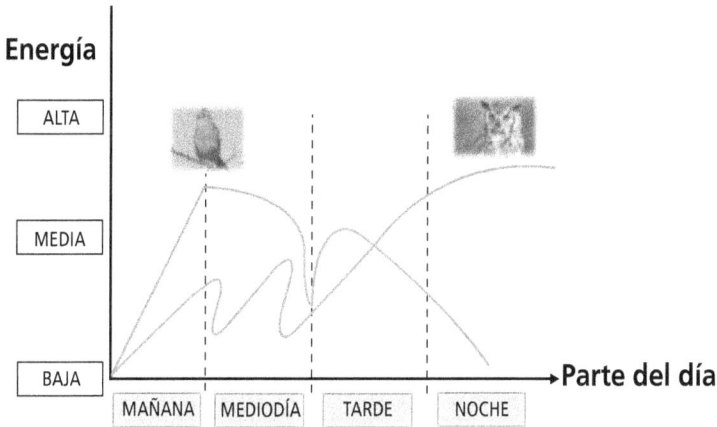

Todos los seres vivos poseen patrones rítmicos en su reloj biológico, el cual regula el ciclo de vigilia y sueño, así como el momento óptimo para realizar tareas mentales o físicas de manera más productiva.

Este reloj biológico, sincronizado con el entorno, determina que algunas personas seamos más productivas de día y otras de noche. De este modo, podemos clasificarnos como *alondras matutinas* o *búhos nocturnos*.

Las personas *alondras* encuentran su momento productivo óptimo durante la mañana. Son más realistas, ya que prefieren datos concretos y tangibles, derivados de su experiencia directa con el entorno. También más racionales, ya que gustan procesar la información sobre la base de parámetros lógicos y normativos. Son más rígidos, pues ordenan la información recibida según su forma de ver el mundo, y son más conformistas que los demás, pues les gusta respetar las normas, tradiciones y costumbres sociales.

Los *búhos,* en cambio, se inclinan por la imaginación, prefieren datos abstractos y simbólicos. Procesan la información basándose en las emociones, y generan nuevos esquemas de conocimiento para asimilar la información recibida. Por eso son considerados creativos; para ellos las normas y pautas sociales no son de tan estricto cumplimiento.

> Tú, ¿en qué grupo te encuentras?

Es hora de cambiar el paradigma. Las cosas son y serán como tú quieras que sean. La vida es un desafío; puedes simplemente vivirla dejándote llevar por las circunstancias y adoptando una posición pasiva ante ella, o puedes tomar el toro por las astas y hacer con ella lo que desees. El desafío está dado desde el momento en que naces; eres tú quien lo acepta o lo rechaza, y eliges tu destino.

El camino hacia tus sueños no será fácil pero es posible, y solo depende ti. Deberás apelar a tu más profundo espíritu apasionado. Conocer tus pasiones y sus reglas, potenciar tus creencias para aferrarte a ellas en los momentos más difíciles. Deberás controlar tus emociones, pues ellas son energía en movimiento.

Recuerda; los desafíos son oportunidades. No hay excusas, el momento de empezar es *ahora.*

EPÍLOGO

TUS PRÓXIMOS PASOS

Si llegaste hasta aquí en la lectura es porque sabes que eres una persona visionaria llamada a marcar una diferencia con tu visión personal.

Combinar una vida apasionada con hacer una diferencia puede ser una tarea particularmente desafiante para cualquier persona. El camino hacia tu éxito personal no surge en un abrir y cerrar de ojos, mágicamente con solo desearlo. Es necesario cultivarlo e identificar aquellos rasgos de tu personalidad que posibilitan o entorpecen tu llegada.

Lograrlo requiere tomarte el tiempo para reconocerte, dominar tus emociones y sobre todo liberar tu espíritu apasionado, mostrándote alerta a las oportunidades que te rodean con una proyección de futuro.

Debes aprender a usar la energía negativa para expresarla en aquellas formas productivas que construyan puentes de entendimiento personal. Dejar de lado el muro de los miedos involucra modificar hábitos difíciles de cambiar, crecer al detener las viejas actitudes dañinas para darles paso a expresiones emocionales nuevas y consistentes.

La forma en que obtengamos el cambio tendrá una estrecha relación con el conocimiento que tengamos de nuestras áreas que necesiten de refuerzo. Debemos ser conscientes del ritmo de crecimiento que seamos capaces de desarrollar.

Es el momento de aprender a escuchar la voz que grita desde tu interior. La que ha tratado de entablar una conversación contigo desde que naciste y que has callado porque pensabas que el seguirla no iba a conducirte a ninguna parte.

Para crecer, necesitamos lograr el suficiente dominio emocional que nos permita realizarnos como individuos, y así aprender a disfrutar del desarrollo de nuestras aptitudes únicas y a centrar nuestros esfuerzos en aquello que nos hace mejores personas.

Espero, de todo corazón, que este libro te haya sido útil para mirar aquello que está en tu interior y comprender lo extraordinario que es sentir la poderosa fuerza de una visión transformadora.

Es el momento de que una gran idea se transforme en una fructífera realidad. Te invito a que experimentes la felicidad que se siente al poder realizar aquello que amas de verdad. Todo lo que necesitas es conocerte mejor y comenzar el cambio interior, cualquiera sea el lugar en que te encuentres actualmente. En este preciso instante.

> Ahora, ¡todo está en tus manos!

BIBLIOGRAFÍA

Attwood, Janet Bray y Attwood, Chris: *El test de la pasión*. Norma, Bogotá, 2008.

Baumann, Nicola y Kuhl, Julius: "Positive Affect and Flexibility. Overcoming the Precedence of Global over Local Processing of Visual Information". *Motivation & Emotion*, Jun, Vol. 29 Issue 2, 2005.

Cialdini, Robert: *Influence: The psychology of persuasion*. William Morrow & Company Inc, New York, 2007.

Covey, Stephen: *Los 7 hábitos de la gente altamente efectiva*. Paidós, Barcelona, 1989.

Covey, Stephen; Merrill, A. Roger y Merrill, Rebecca R.: *First Things First: To Live, to Love, to Learn, to Leave a Legacy*. Simon and Schuster, New York, 1994.

Craig, Gary: *The EFT Manual*. Energy Psychology Press, Santa Rosa, California, 2011.

Dweck, Carol S.: *Mindset: The New Psychology of Success*. Random House, New York, 2006.

Fritzen, Silvino José: *La ventana de Johari. Ejercicios de dinámica de grupo, relaciones humanas y sensibilización*. Sal Terrae, Bilbao, 1987.

Goldratt, Eliyahu M.: *La meta*. Granica, Buenos Aires, 2010.

Goleman, Daniel: *La inteligencia emocional*. Kairós, Barcelona, 1996.

Hoyle, Linda: "From sycophant to saboteur. Responses to organizacional change", en *Working Below the Surface*. Ed. Karnac, London, 2004.

Jiménez, Juan Carlos: *El valor de los valores en las organizaciones*. Cograf, Caracas, 2008.

Mayer, John y Salovey, Peter: *Inteligencia emocional*. Baywood Publishing Co, Inc., Yale University, New Haven, 1990.

Moskowitz, Herbert y Wright, Gordon P.: *Operations Research Techniques for Management*. Prentice Hall, Englewood Cliffs, New Jersey, 1979.

Qisoma: www.activeweb.es

Robbins, Anthony: *Unlimited Power. The New Science of Personal Achievement.* Pocket, New York, 2001.

Schumpeter, Joseph: *Capitalismo, socialismo y democracia.* Folio, Barcelona, 1984.

Senge, Peter: *La quinta disciplina.* Granica, Buenos Aires, 2004.

Sher, Barbara: *Refuse to Choose.* Rodale, New York, 2006.

Spinoza, Baruj: *Ética demostrada según el orden geométrico.* Trotta, Madrid, 2009.

Tracy, Brian: *Metas. Estrategias prácticas para determinar y conquistar sus objetivos.* Empresa Activa, Barcelona, 2004.

Webconsultas: www.webconsultas.com

William, Robert M.: *Psych-K, the Missing Peace in Your Life!* Myrrin Crestone, Colorado, 2004.

LA AUTORA

QUÉ HAGO: Ayudo a las mujeres a superar las barreras de género para poner en marcha y avanzar en sus carreras empresariales. Desde 2004, año en que desarrollé la Fundación Suma Veritas, he estado motivando y empoderando a emprendedores y profesionales para que puedan comenzar sus negocios y cultivar clientes a través de la capacitación y el desarrollo de proyectos de ley, de economía sustentable, y solidarios.

Para ayudar a difundir el impacto del trabajo realizado en la Fundación escribí artículos sobre temas de género en diversos medios, participé como co-autora del libro *Las Mujeres en las Organizaciones de América Latina y el Caribe,* editado en Cali Colombia; brindé conferencias alrededor del mundo y produje un programa radial llamado "La irresistible fuerza femenina", para fortalecer el liderazgo femenino y el espíritu emprendedor.

CÓMO LO HAGO: Desde hace más de una década trabajo a diario con emprendedores y organizaciones de mujeres a nivel nacional e internacional para empoderarlos. Estudié marketing, además de haber realizado masters en Administración de Empresas en Argentina y USA y construí mi propia marca en el país y en el exterior. He aprendido muchas cosas en el camino para compartir con otras personas que están en la búsqueda de sus pasiones y de un cambio en sus vidas.

¿POR QUÉ FUNCIONA?: Soy una apasionada de la capacitación de emprendedoras; juntas, trabajamos para desbloquear su potencial de liderazgo interno. Ayudo a las personas y las organizaciones de mujeres a crear una poderosa conexión con sus pasiones con el fin de alcanzar sus metas y construir sus carreras y negocios.

ESPECIALIDADES: Oradora motivacional, coach de negocios, escritora, con una maestría y un doctorado en gestión empresarial. Centrada en capacitar a las personas para desarrollar sus carreras, mejorar sus habilidades para el liderazgo, su marca personal con perspectiva de género.

Graciela Beatriz De Oto